REVUE DES DEUX MONDES

Sommaire | FÉVRIER 2020

Éditorial

Grand entretien

Dossier | Histoire et destin de l'enfant

Littérature

Études, reportages, réflexions

Critiques

Les revues en revue | Notes de lecture

Éditorial

De quoi Greta Thunberg est-elle le nom ?

Élue personnalité de l'année par le magazine *Time* en décembre 2019, Greta Thunberg, 16 ans, militante écologiste suédoise, nous rendrait-elle fous ?

Entre ceux qui la portent au pinacle et veulent en faire la Jeanne d'Arc de l'écologie (Barack Obama, Al Gore, Leonardo DiCaprio, et même le pape François, qui la reçoit au Vatican !), et ceux qui la vouent aux gémonies dès qu'elle ouvre la bouche et fronce les sourcils, c'est une guerre de tranchées.

« Fanatisée », « irrationnelle », « illettrée », « manipulée », « enveloppe vide », « perroquet », « arnaque »… que n'a-t-on pas entendu à son sujet ! Greta Thunberg ne dérange pas, elle démange comme une plaque d'urticaire. Il faut dire qu'elle y met du sien. Une ado à tresses qui renverse la table et s'adresse aux adultes sans respecter les bonnes manières. Fustigeant à l'ONU les dirigeants du monde, responsables du désastre écologique et qui ne font rien ou si peu pour sauver la planète. « *Shame on you !* »

À quelle tradition la rattacher ? À celle des porte-parole millénaristes qui usent et abusent des vertus de la peur, répond le philosophe Damien Le Guay : « Greta annonce l'effondrement total. Elle ne le fait pas de Patmos, comme saint Jean, mais de Stockholm. » Et comme à la Renaissance, pour nous laver de nos fautes, nous sommes prêts à payer des indulgences. À soulager notre conscience par des dons, puisque notre comportement n'est pas irréprochable. « Greta est "sainte" à notre place. »

Tellement sainte que certains voient en elle une Jeanne d'Arc au service de la planète. Pour l'historien Jean Maurice, c'est un « raccourci *[...]* contestable ». Mais, rappelle-t-il, « Jeanne d'Arc fait *[...]* partie du patrimoine universel : en Europe, mais aussi au Japon, au Brésil, aux États-Unis, on célèbre l'étonnante conjonction de sa juvénilité et de sa hardiesse inflexible. *[...]* Son image est tellement vivante et prégnante qu'elle est volontiers projetée sur des jeunes filles prophétisant un avenir parfois inquiétant ».

Greta horripile parce qu'elle accuse les adultes d'agir en enfants (insouciants, légers, inconséquents, alors que notre planète brûle) ; tandis que les enfants, à son image, deviennent les vrais adultes (responsables, conscients des dangers, prêts à se mobiliser...).

Notre époque dont l'enfant est un roi, précieux, adulé, admiré, n'a-t-elle pas abandonné son devoir d'éducation, de transmission pour se soumettre aux injonctions jeunistes tous azimuts ? Se laisse-t-elle sadiser par sa progéniture ?

Boris Cyrulnik nous rappelle comment l'enfant, en quelques siècles, a évolué « de la mort probable au triomphe malheureux ». Dans l'entretien qu'il nous a accordé, le neuropsychiatre revient sur les conditions structurantes pour l'évolution neurologique et psychologique de l'enfant. Et nous rappelle à nos devoirs. « Notre époque *[...]* a voulu inventer le parent parfait. *[...]* Ensuite, elle a fétichisé l'enfant. » Or, « en encourageant les parents à sur-couver les enfants, on commet une grave erreur et l'on crée des enfants "quérulents", c'est-à-dire des enfants qui font des procès tout le temps, qui sont insatisfaits et revendicatifs ».

Jean-Pierre Naugrette, qui s'est penché sur le mythe de Peter Pan et ses pièges, se méfie « de ces esprits "ductiles et sympathiques" qui fuient leur école et voudraient dicter leur loi aux adultes. Ne serait-ce pas plutôt aux adultes ayant accepté de grandir d'agir ? »

Mais n'est-il pas injuste de faire (encore!) le procès des parents soixante-huitards démissionnaires, alors qu'en France le culte de l'enfance est une invention… de Rousseau ? Dès le XVIIIe siècle, explique Christophe Martin, le philosophe genevois « joue un rôle majeur dans l'avènement d'une représentation de l'enfance perçue non plus comme le temps où le péché originel pèse de tout son poids mais comme un moment privilégié d'innocence, témoignant d'une nature foncièrement bonne et rendant l'enfant aimable par son être même ». « Avec Rousseau s'accomplit donc un renversement de perspective : le regard de l'enfant semble désormais porteur d'un savoir dont l'adulte a en somme été dessaisi. »

Détourné de son sens original, ce retournement va ouvrir le champ aux pires instrumentalisations des régimes totalitaires. « Sur une page blanche tout est possible », disait Mao. « Les régimes totalitaires ont mobilisé et instrumentalisé la jeunesse, privilégiée pour la malléabilité de ses comportements, le potentiel révolutionnaire de son énergie brute, son idéalisme sans limites », rappelle Bernard Bruneteau. « Le fantasme totalitaire est d'abord un fantasme pédagogique ».

Pour Eryck de Rubercy, Greta n'est pas sans rappeler Oscar, l'enfant héros du *Tambour* de Günter Grass, porté à l'écran par Volker Schlöndorff : « Oscar et Greta ont tous deux une particularité *[...]* qui ne fait qu'entériner leur marginalité, du moins leur atypie : il possède une voix capable de briser le verre ; elle est atteinte du syndrome d'Asperger. » Tous deux s'inscrivent contre la folie des hommes. Et l'autisme, « vécu d'ordinaire comme un handicap, est pour ainsi dire revendiqué par Greta comme la preuve éclatante de son libre arbitre ».

C'est Victor Hugo, notre grand-père national, qui sera le « poète de l'enfance mais aussi son défenseur à la tribune », écrit Jean-Marc Hovasse. Il s'oppose au travail des plus jeunes et plaide pour l'instruction publique. « *[...]* à l'image de Gavroche, dont la bonne humeur inaltérable est d'autant plus remarquable qu'elle se développe sur un "cœur absolument sombre et vide", un certain nombre d'enfants dans l'œuvre de Victor Hugo en remontrent aux adultes par leur générosité ou leur héroïsme. » Ils sont « aussi souvent victimes que vainqueurs, ils inspirent la pitié ou l'admiration. Sans angélisme ni dogmatisme ».

« Dans *L'Art d'être grand-père, [...]* le dernier vers des "Enfants gâtés" contient mine de rien une vraie leçon politique : "j'aime mieux", y confie le poète attaqué dans ses luttes pour toutes les amnisties, "les enfants gâtés que les pères pourris". »

On accuse Greta Thunberg d'être instrumentalisée par le mouvement écologique, par ses parents, par des associations antiracistes et anticolonialistes qui rêvent de capter sa notoriété. Certainement. Mais le phénomène Greta ne peut être réduit à sa caricature. Dans notre monde postmoderne en mal de héros et de symboles, elle colle aux aspirations d'une grande partie de sa génération. « Une part croissante de la jeunesse occidentale ne se satisfait plus des prestiges de la société d'abondance industrielle, et ne croit plus aux promesses du progrès technique », souligne Gaultier Bès, qui déplore les injures adressées à Greta Thunberg par « quelques malotrus imbus de leurs privilèges ». « Le rêve de la mondialisation libérale n'est désormais plus qu'une vieille lune. » Plus question, non plus, de grand soir et de révolution internationale, engloutis avec la fin des utopies. Au « siècle rouge » succède « le siècle vert », titre du nouvel essai de Régis Debray, qui analyse l'irruption de cette nouvelle religion sans Dieu : l'écologie. Puisqu'on n'attend plus rien du Ciel, sacralisons la Terre. Greta est l'icône d'une jeunesse qui ne veut plus sauver l'homme mais sauver la planète.

En quelques années, notre monde est passé de la terreur nucléaire à la peur d'une disparition inéluctable de notre environnement, condamnée par le réchauffement climatique. Peur contre peur. L'écrivain Marc Weitzmann a rencontré Ian Kershaw, brillant historien anglais de la Seconde Guerre mondiale, qui vient de faire paraître le second tome de son histoire de l'Europe (1). Sur fond d'âge atomique, de guerre froide, de décolonisation, de disparition de la superpuissance européenne et d'émergence de la pop culture, il dresse le portrait parallèle de deux Europes. Celle de l'Est, figée dans le glacis totalitaire, celle de l'Ouest où le surgissement de richesses des « trente glorieuses » « a suscité la surprise et la jubilation ». Et la stupéfaction « quand ce "boom" économique *[...]* s'est effondré ». Alors disparaît progressivement cette « époque d'embourgeoisement général sous-tendue par la terreur nucléaire, où le consumérisme fait figure de nihilisme bénin ».

« Il est dans la nature humaine d'occulter l'hypothèse d'une catastrophe pour être capable de vivre sa vie de tous les jours », rappelle Ian Kershaw : « nous désirons la normalité, et c'est pourquoi l'idée de l'acquisition d'un nouveau réfrigérateur a occupé toute une génération .»

L'idée de prolonger la vie de son frigidaire, de boycotter les voyages en avion et de sauver la planète occupe désormais la nouvelle génération. Avec ses propres contradictions. Avec ou sans Greta.

Valérie Toranian

1. Ian Kershaw, *L'Âge global. Europe, de 1950 à nos jours*, traduit par Pierre-Emmanuel Dauzat et Aude de Saint-Loup, Seuil, 2020.

GRAND ENTRETIEN

Ian Kershaw

« LES POPULISTES ACTUELS NE VEULENT PAS ENTRER EN CONFLIT AVEC LA DÉMOCRATIE »

› propos recueillis par **Marc Weitzmann**

Après ses travaux sur le nazisme qui lui ont valu la célébrité, et après sa monumentale biographie de Hitler, voici celle de l'Europe de Ian Kershaw en deux volumes (1) : *L'Europe en enfer (1914-1949)*, tout d'abord, sorti voici deux ans, et maintenant *L'Âge global. Europe, de 1950 à nos jours*, qui parle de notre temps.
L'Âge global s'ouvre là où le précédent volume s'arrêtait, c'est-à-dire sur la naissance du monde qui est le nôtre aujourd'hui. Au-delà du début de la guerre froide, l'entrée dans l'âge nucléaire, que Winston Chruchill appelle « *the new terror* », et qui va déterminer la condition humaine de manière indélébile.

« Revue des Deux Mondes – D'une certaine façon, ce que vous décrivez dans *L'Âge global*, c'est un monde qui vient de quitter l'ère du suicide collectif pour entrer dans celui de la terreur – de « l'équilibre de la terreur », comme on finira par l'appeler...

Ian Kershaw Tout à fait. Avec l'invention de cette arme de destruction massive qu'est la bombe atomique, ce qui précède semble dépassé, même si la bombe en est le résultat. La menace d'une catastrophe nucléaire va refaçonner l'Europe jusqu'à aujourd'hui.

À présent, bien sûr, la guerre froide est finie mais la menace née à cette époque n'a pas disparu, elle est seulement devenue plus diffuse. Dans ce monde multipolaire qui est le nôtre, les choses sont presque plus dangereuses qu'au temps où cet outil d'égalisation et d'annulation de la menace n'était détenu que par deux superpouvoirs, et cela pour une multitude de raisons : même si le danger nord-coréen, par exemple, semble s'être estompé, il reste un bon exemple du fait qu'avec la bombe nucléaire, un petit pays, d'une importance très mineure, peut potentiellement représenter un danger pour le reste du monde. Nous vivons donc encore aujourd'hui sous l'emprise de la terreur nucléaire née voici soixante-dix ans, même si nous n'en tremblons pas tous jour après jour, et même si cette menace a évolué.

Ian Kershaw est historien. Il est notamment l'auteur de *Hitler* (deux volumes, Flammarion 1999 et 2000). Dernier ouvrage publié : *L'Âge global. Europe, de 1950 à nos jours* (Seuil, 2020).

Marc Weitzmann est journaliste et écrivain. Dernier ouvrage publié : Un temps pour haïr (Grasset, 2018).

Revue des Deux Mondes – L'acte de baptême de nos peurs remonte donc au début de la guerre froide, qui est aussi, dites-vous, l'âge de l'internationalisation forcée de l'Europe. Pour vous, en plus des bombes atomiques, le signe indéniable que le destin de l'Europe est désormais lié au destin du monde est la guerre de Corée, qui éclate à ce moment-là...

Ian Kershaw Effectivement. Il peut sembler étrange de commencer par la Corée pour décrire la situation de l'Europe d'après-guerre, mais en même temps, cette guerre démontre bien l'incorporation du bloc européen dans une politique mondiale menée par deux superpuissances. Des événements se déroulant à l'autre bout de la Terre impliquent désormais l'Europe : impossible pour elle d'échapper au conflit faisant rage entre les États-Unis et l'URSS ! La Corée annonce ce nouvel ordre mondial qui régnera jusqu'à la fin du siècle.

Revue des Deux Mondes – Et c'est dans ce cadre déjà fort étrange pour l'Europe – âge atomique, guerres lointaines menées par deux superpuissances – que la France et le Royaume-Uni vont prendre lentement

conscience que les empires ont fait leur temps. On ne peut donc pas séparer la décolonisation de l'âge atomique. La guerre froide, qui en est le produit, va influer sur la manière dont se mènent les guerres d'indépendance. La superpuissance européenne a disparu, et il faut désormais s'aligner sur l'une des deux nouvelles superpuissances afin de rester dans la course...

Ian Kershaw Oui. Ce changement va prendre du temps pour s'imposer dans les esprits. Rétrospectivement, nous savons que la superpuissance européenne a disparu dès la fin de la Seconde Guerre mondiale, mais à l'époque on ne voit pas – ou on ne veut pas voir – les choses ainsi.

Revue des Deux Mondes – Le Royaume-Uni, bénéficiant d'une tradition cosmopolite, est bien plus marqué par les influences, indienne et africaine, de ses possessions que la France, qui admet à peine la réalité culturelle de son propre empire. Or ce que vous montrez, c'est qu'en France la décolonisation va être vécue de façon bien plus traumatique qu'en Angleterre. Comment expliquer ce paradoxe ?

Ian Kershaw Cela tient au fait que le Royaume-Uni a très tôt tourné sa culture impériale vers le Commonwealth, et que, contrairement à la France, il a maintenu une grande influence dans l'Atlantique, ainsi que des liens très étroits avec l'Amérique. On considérait à l'époque que le futur de l'Angleterre se jouait à l'intersection de trois cercles : l'Europe, les États-Unis et le Commonwealth. Et c'est ce dernier qui, à mon avis, a permis d'adoucir la perte de l'empire britannique : la reine conservait une influence et une domination extra-métropolitaines comparables à une puissance impériale. Une illusion de continuité s'est donc installée, plutôt que l'évidence d'une rupture.

Par contraste, le drame de la décolonisation en France est intimement lié à la guerre d'Algérie. La défaite française en Indochine avait été à peu près acceptée par l'opinion, vite persuadée que la retraite était la meilleure solution. Puis il y a eu la décolonisation du Golfe à la fin des années cinquante, qui s'est passée en douceur. Mais l'Algérie étant considérée comme un département français à part entière, sa perte n'est pas vue comme une décolonisation, mais bien comme une amputation. Pour les Britanniques, la crise du canal de Suez en 1956 a été le pivot fondamental du processus de désagrégation de l'empire, et peu de temps après, à la fin des années cinquante, Harold Macmillan, le Premier ministre, parlait déjà des changements à venir (*wind of change*) et qui mèneraient à une décolonisation rapide. C'est Suez qui a porté un coup fatal aux prétentions coloniales britanniques et a sonné le glas de son empire ; en France, il n'y a rien eu de tel pour annoncer l'effondrement qui allait suivre. La décolonisation britannique n'a pas été facile pour autant, et il y a eu plusieurs désastres, par exemple au Kenya, mais nous n'avions aucun territoire qui puisse être comparé à ce que l'Algérie était pour la France.

Revue des Deux Mondes – Côté français, perdre l'empire en plus d'avoir connu Vichy n'a-t-il pas renforcé l'impression qu'il y avait quelque chose de faible dans les fondations de la France d'après-guerre, un manque de légitimité fondamental ?

Ian Kershaw C'est une différence importante, en effet.

Revue des Deux Mondes – Votre livre raconte en parallèle les évolutions de l'Europe de l'Ouest et de l'Est. Vous écrivez qu'au moment où la guerre froide se dessine à l'horizon, les pays du bloc de l'Ouest se focalisent entièrement sur leur stabilité politique intérieure, au détriment de leur mémoire historique. Ce lien entre guerre froide et stabilité politique est intéressant. C'est la naissance d'un certain capitalisme tempéré par l'État, accompagné de progrès matériels dont on a oublié à quel point ils étaient nouveaux. En France, le droit pour les femmes de travailler sans autorisation du mari et de détenir un compte en banque ne date que du début des années soixante, par exemple...

Ian Kershaw L'idée que bâtir des systèmes politiques stables est la meilleure réponse face à la menace de la guerre froide est alors très forte dans l'opinion publique, particulièrement du côté des gouvernements conservateurs. Les mouvements de gauche étaient, pour certains, bienveillants à l'égard de l'Est, voire l'érigeaient en exemple. Le prix à payer pour ce désir de stabilité est d'abord une certaine amnésie historique. On prête très peu d'attention aux ravages cataclysmiques commis par les nazis, l'Holocauste en particulier est négligé – le terme est d'ailleurs inconnu à l'époque. Parallèlement, un nouveau mode de vie s'impose. Les toilettes privées dans les appartements se généralisent, tout comme l'électricité, et sa conséquence directe qui est le développement de l'électroménager. Le marché du travail, qui semble voué à croître indéfiniment, s'ouvre aux femmes. Les revenus des États ont également augmenté de telle sorte qu'ils peuvent procurer une couverture sociale inédite.

Revue des Deux Mondes – Le boum économique de la reconstruction puis du début des « trente glorieuses » brouille les frontières entre les classes sociales. Vous rappelez qu'au début des années soixante, un tiers de la classe moyenne allemande a des origines prolétaires, par exemple. En France, pour la première fois, une majorité d'étudiants des filières classiques viennent de milieux ouvriers…

Ian Kershaw Oui, absolument. Les nouvelles aspirations de cette classe moyenne – acquérir un réfrigérateur, une télévision, une voiture, partir à l'étranger pour les vacances – sont une menace pour tout ce qui a cimenté auparavant la classe ouvrière dans son identité et sa communauté. Même s'il reste une forme de division sociale, quand on compare la situation à la vitalité de la lutte des classes dans les années trente, la différence est frappante.

Revue des Deux Mondes – Cette idée de « normalité » est l'un des points les plus fascinants de votre livre, sinon de l'histoire de l'Europe au XXe siècle. On assiste à l'émergence de la classe moyenne

non seulement comme fait mais surtout comme idéal social, comme cœur de la narration collective. La normalité est bientôt considérée comme acquise, elle devient une « normalité normale », en quelque sorte. Or, c'est là la grande contradiction, cette normalité est en fait le fruit de circonstances tout à fait anormales : un taux de croissance dont vous dites qu'il est non seulement extraordinaire, mais unique dans l'histoire...

Ian Kershaw Au début, la croissance a été vue comme un miracle : les Allemands, qui avaient connu des famines entre les deux guerres et avaient subi d'énormes destructions matérielles, n'en revenaient pas. En Europe, plus généralement, ce surgissement de richesse a suscité la surprise et la jubilation. Puis, très vite, les gens ont oublié ce que les circonstances avaient d'exceptionnel et c'est devenu la norme. D'où la stupéfaction dans les années soixante-dix quand ce « boom » économique, qui se poursuivait depuis vingt-cinq ans, s'est effondré.

Revue des Deux Mondes – Ne peut-on pas voir cette stupéfaction comme le produit de l'amnésie historique dont vous parliez au début ? Le sentiment de « normalité » des années de prospérité n'a-t-il pas été favorisé par l'oubli de l'histoire, et ne l'a-t-il pas favorisé en retour ?

Ian Kershaw Cette idée de l'oubli de l'histoire est paradoxale, puisque le spectre d'une catastrophe nucléaire planait alors au-dessus de toutes les têtes. Mais il est dans la nature humaine d'occulter l'hypothèse d'une catastrophe pour être capable de vivre sa vie de tous les jours : nous désirons la normalité, et c'est pourquoi l'idée de l'acquisition d'un nouveau refrigérateur a occupé toute une génération. C'est ainsi que la normalité, en un sens, s'est imposée, après l'horreur, comme la nouvelle norme. Le progrès, la marche en avant, le futur, c'était de laisser l'horreur de la guerre dans l'histoire, c'est-à-dire dans le passé et d'oublier la menace ; et les choses sont restées ainsi jusqu'après les années soixante-dix.

Revue des Deux Mondes – La génération de ceux qui étaient adolescents dans les années soixante-dix a certainement pris de plein fouet l'effondrement de cette illusion que tout serait « normal » pour toujours. L'histoire, le tumulte, c'était bon pour les États-Unis et le tiers-monde, et ça n'existait qu'à la télévision. Dans les années soixante-soixante-dix, seule l'extrême gauche avait encore « faim d'histoire », comme l'a écrit un jour Serge July. La majorité de la population, quant à elle, vivait la promesse d'une vie à la fois ennuyeuse et stable. Il y avait quelque chose d'à la fois rassurant et humiliant dans ce sentiment, et je me demande si cette ambivalence n'est pas à la source du mélange de désillusion, de rage et de nostalgie pour cette époque que l'on trouve aujourd'hui dans les livres de l'écrivain Michel Houellebecq, et plus généralement dans tout le camp conservateur, à droite comme à gauche...

Ian Kershaw Je n'ai lu qu'un livre de Michel Houellebecq, d'ailleurs avec un grand intérêt, *Soumission*, qui traite d'un tout autre sujet ; je ne peux donc pas me prononcer là-dessus. Mais je suppose qu'effectivement c'est un sentiment qui existe, bien que la réalité n'ait pas été aussi lumineuse que ce que nous fera croire le biais cognitif de la nostalgie. Aujourd'hui, on a par exemple l'impression que si l'on nationalise tout de nouveau, tout redeviendra parfait, comme il y a quarante ou cinquante ans ; mais je me souviens de cette grande époque de nationalisations, et ce n'était pas non plus un âge d'or. Dans l'imaginaire collectif, ce temps a été celui d'une stabilité inébranlable, et tout ce qui nous menace aujourd'hui n'existait pas.

Revue des Deux Mondes – L'une des choses que l'on ne voyait pas à l'époque est que cette croissance était nourrie par l'immigration de masse et par l'expansion du commerce international : en d'autres termes, par une mondialisation qui ne disait pas son nom...

Ian Kershaw On peut définir la mondialisation de beaucoup de façons différentes, et il y avait bien sûr déjà eu des interactions mondiales depuis des siècles, mais une chose est certaine : dans la seconde moitié du XXe siècle, l'accélération de ce processus séculaire de mondialisation a été si intense que le terme « mondialisation » a pris un sens nouveau. Parmi les nouveautés, ces mouvements mondiaux d'immigration massive et systématique, auxquels l'Europe de l'Ouest a dû s'adapter car elle avait besoin de main-d'œuvre externe pour faire fonctionner ce nouveau capitalisme. Et encore, les chiffres étaient très bas, comparé à aujourd'hui.

Revue des Deux Mondes – Vous dites que l'implication de l'Angleterre dans le Commonwealth la détourne de ses liens avec le reste de l'Europe ; vous notez par exemple que la France est considérée comme un pays étranger, alors que l'Australie ne l'est pas…

Ian Kershaw Ça semble invraisemblable, mais c'est vrai ! Mon beau-frère, qui est un partisan typique du Brexit, n'avait même pas de passeport jusqu'à récemment ; aller en France pour les vacances ne lui disait rien. Je lui ai demandé un jour s'il était déjà allé à l'étranger, et il a répondu non. Il avait voyagé en Australie, mais l'Australie, pour lui, ça n'était pas l'étranger. L'Europe, la France, oui. Les dominions, le Canada, l'Australie, la Nouvelle-Zélande, sont perçus comme une extension de l'Angleterre, dans laquelle il est normal de se rendre et d'avoir des proches ou des parents. Ça semble être une plaisanterie, mais ça illustre une réalité pour beaucoup d'Anglais, qui considèrent le continent européen comme un endroit étrange, presque exotique, notamment pour des raisons géographiques puisque, avant l'arrivée des vols *low-cost*, s'y rendre était tout un voyage. Les membres de ma famille, lorsque j'étais jeune, n'auraient jamais eu l'idée de se rendre en France, en Allemagne ou en Espagne pour les vacances.

Dans les années cinquante et soixante, les liens entre le Commonwealth et le reste du monde se sont rapidement distendus tandis que les liens entre les six pays européens se resserraient. Économiquement, l'Angleterre traversait une mauvaise passe. La question s'est posée de la croissance remarquable opérée par des pays auparavant ravagés, comme l'Allemagne, et due à cette proximité européenne ;

d'où un certain ressentiment. De façon générale, les relations entre l'Angleterre et les six pays de l'Union européenne étaient distantes, influencées par le Commonwealth et l'Amérique.

Ces sentiments ont toujours été présents dans certains milieux britanniques, et des notions abstraites comme celle de l'exception britannique (similaire à l'idée de l'exception américaine) et du déclin de souveraineté perdurent : nous n'avons jamais été conquis depuis 1066, nous avons battu Napoléon, Hitler et tous les autres, aussi nous ne nous abaisserons pas à être dirigés, d'aucune façon, par un pays « inférieur » (*lower*). Ce sont ce que j'appelle les « racines longues » du Brexit ; quant aux « racines courtes », on les trouve dans le basculement de ce vague ressentiment, de cette distance, en franche aversion à l'égard de l'Union européenne.

Revue des Deux Mondes – Pour en revenir aux années soixante et à la question de la mémoire européenne, c'est aussi une période de crise culturelle. Vous citez Leonard Bernstein disant que la grande musique, qui s'est confrontée à la modernité jusque dans les années trente, a « perdu l'inventivité qui la rendait attirante » après-guerre. En littérature, la tentative du Nouveau Roman fait le deuil de toute prétention à raconter quelque chose. On se replie soit vers le patrimoine, soit vers le formalisme, tout en ouvrant grand la porte à l'Amérique et à sa nouvelle *pop culture*. Y a-t-il un lien, selon vous, entre le changement de goût en matière de culture et le rapport de l'Europe à sa mémoire ?

Ian Kershaw Il faut se souvenir de la fameuse phrase du philosophe Theodor Adorno, « Écrire un poème après Auschwitz est barbare ». Qu'il ait eu raison ou non, quelque chose dans la haute culture (*high culture*) perd d'autant plus son sens après les atrocités de la guerre qu'elle avait déjà commencé à décliner, et que le gouffre qui la séparait de la culture populaire avait déjà commencé à être comblé. En France surtout, pour résoudre le problème, c'est la notion d'engagement qui va dominer, mais non sans contradiction. Les artistes et les intellectuels se trouvent face à un dilemme que Sartre va incarner : d'un côté on vit un âge de désespoir où tout a été anéanti, de l'autre, pour exister, il faut s'engager. L'action politique de Sartre va dès lors contredire la base de la philosophie existentielle.

Revue des Deux Mondes – Au fond, ce que vous décrivez, c'est une époque d'embourgeoisement général sous-tendue par la terreur nucléaire, où le consumérisme fait figure de nihilisme bénin – et où la libération sexuelle va bientôt constituer le seul ressort énergique. N'est-ce pas là que « l'ordre des pères », pour citer Kundera, prend fin ?

Ian Kershaw C'est du moins le début symbolique de la fin, oui, et c'est une fin qui arrive graduellement, puisque, aujourd'hui encore, nous retrouvons des subsistances de cet ordre-là. Mais c'est bien là que le grand changement commence, et que l'idée du patriarcat décline, ainsi que l'idée de révérence face à l'autorité en général. Les gens n'éprouvent plus le même respect à l'égard des figures d'autorité – pères, politiciens, professeurs d'université.

Revue des Deux Mondes – Et c'est alors que survient « la crise », d'abord, dès 1971 avec la fin du système monétaire de Bretton Woods mis en place après-guerre, puis avec l'embargo pétrolier consécutif à la guerre israélo-arabe de 1973. Le Moyen-Orient est dès ce moment le point de focalisation des affaires européennes. Ce n'est pas seulement une affaire de conflit israélo-arabe, mais déjà une affaire de ressentiment et de frustration émanant du monde arabe…

Ian Kershaw Oui. En 1971, Richard Nixon a abruptement mis fin au système de Bretton Woods. L'inflation menaçait déjà les monnaies européennes, mais elle était un élément immanent du capitalisme tel qu'il était pratiqué jusque-là, et ne faisait que commencer à poser un problème vers la fin des années soixante. C'est la crise pétrolière de 1973, c'est-à-dire un événement extérieur à l'Europe, qui a exacerbé ces problèmes et a plongé les économies européennes dans la crise. L'embargo pétrolier est vu comme le seul moyen d'action des pays arabes contre les puissances impériales européennes qu'étaient la France et l'Angleterre. C'est un peu l'heure de la revanche qui a sonné, car c'est aussi l'époque où ces puissances européennes sont absolument dépendantes du pétrole, ce qui n'était pas le cas pendant la Seconde Guerre mondiale. Aucune de ces économies européennes ne sait comment réagir à ce choc sans précédent. La réponse viendra de la droite conservatrice américaine, qui inspirera Margaret Thatcher.

Revue des Deux Mondes – Vous écrivez aussi que les conséquences de cet embargo pétrolier se retrouvent dans les pays socialistes, car la crise les a forcés à entrer en compétition avec les pays capitalistes de l'Ouest. Vous mentionnez la dette en dollars de la Hongrie, qui selon vous annonce la fin du bloc de l'Est…

Ian Kershaw Nous n'en avions pas conscience à l'époque, mais oui, effectivement. La Yougoslavie, qui ne faisait pas partie du bloc soviétique, avait les mêmes problèmes d'indépendance financière et de dette en dollars. Ces systèmes, à long terme, ne pouvaient plus fonctionner ; ils pouvaient continuer de faire tourner la machine à court terme, par la répression et la puissance militaire, mais le fait de devoir y avoir recours signifiait déjà que la fin était proche. L'URSS, qui produisait de larges quantités de pétrole, s'est également affaiblie à long terme en alimentant tout le bloc soviétique pendant la crise. 1973 est un tournant décisif pour les deux blocs, ce que l'on a tendance à oublier.

Revue des Deux Mondes – Vous venez de le dire, la réponse à cette crise va venir de Ronald Reagan et de Margaret Thatcher. Les idées de Thatcher sont effectivement inspirées par la droite américaine, mais elles sont formulées de façon très européenne. Elle dit par exemple que la société n'existe pas (« *There is no such thing as society* »), ce qui est une phrase typiquement libertarienne, mais, en même temps, elle défend un retour aux valeurs victoriennes. Cette contradiction ne

se retrouve-t-elle pas aujourd'hui encore en Europe, et par exemple en France, quand le Front national tente de défendre à la fois une idéologie ultralibérale et un retour aux traditions ?

Ian Kershaw Je crois effectivement qu'il y a une contradiction à l'échelle européenne à cet égard, et cette contradiction est un produit de la crise. Sans crise, Margaret Thatcher ne serait pas arrivée au pouvoir, et son exemple ne se serait pas répandu dans l'Europe conservatrice. Le néolibéralisme américain a touché chez elle une corde sensible, c'est-à-dire l'idée que le Royaume-Uni s'était égaré et qu'il fallait renouer avec un passé glorieux ; et Margaret Thatcher était une enfant de la Seconde Guerre mondiale, dont elle avait gardé l'image de l'Angleterre victorieuse, et de la guerre froide, dont elle avait tiré une horreur sans nom du communisme, l'ennemi idéologique qu'il s'agissait d'abattre à tout prix. C'était déjà « *Make Britain great again* ».

Revue des Deux Mondes – Au même moment, la France élit un gouvernement d'union de la gauche, socialiste. Le pays semble aller à contre-courant de l'époque mais est-ce bien le cas ? Ne peut-on trouver chez François Mitterrand le même type de contradiction européenne que chez Thatcher ? Après tout, le Parti socialiste avait fait campagne en se référant à Léon Blum, donc à une tradition aussi ancrée en France que la culture victorienne en Angleterre, et c'est justement ce même Parti socialiste qui va introduire le néolibéralisme dans le pays…

Ian Kershaw Je crois que les données culturelles qui servent de fondation à cette évolution parallèle sont très différentes, et dans le cas de la France, l'adaptation au libéralisme a été en quelque sorte forcée par le besoin de secourir l'économie de la crise des années soixante-dix ; c'est plus tard que les campagnes de privatisation, par exemple, ont fini par être vues positivement. Alors qu'en Angleterre le passage au néolibéralisme était idéologique, et largement soutenu, puisque, contrairement à la France, le royaume britannique n'a pas cette tradition étatiste et n'a pas hésité à diminuer le pouvoir de l'État par pure conviction idéologique. En Angleterre, la tradition dominante depuis le XIXe siècle est celle du libre-échange, un libéralisme qui a facilité l'introduction par Thatcher du néolibéralisme à l'américaine.

Revue des Deux Mondes – C'est aussi durant cette période de crise que la mémoire de la Seconde Guerre mondiale va revenir, là encore, écrivez-vous, depuis les États-Unis, avec le succès phénoménal de la série *Holocauste* (1978). Puis il y a le succès tardif des livres de Primo Levi, des films de Max Ophuls, de Claude Lanzmann, le procès de Klaus Barbie, etc. Les premières théories négationnistes émergent à cette période, particulièrement en France et en Italie – où bientôt Primo Levi va se suicider…

Ian Kershaw Absolument. Vers 1984, j'avais déjà commencé à travailler sur l'Allemagne nazie, et je me rappelle que l'anniversaire des quarante ans de la fin de la guerre avait été l'occasion d'une multitude d'œuvres et de conversations. Cette année-là, pour la première fois, s'est tenue une conférence allemande sur l'Holocauste.

En tant que jeune universitaire britannique, je voulais travailler sur les aspects sociaux du IIIe Reich, y compris l'antisémitisme, et j'ai été stupéfait de constater qu'aucune étude ou presque n'avait été réalisée sur le sujet. Alors que je rédigeais mon premier travail, sur les réactions à l'ostracisation et à l'extermination des juifs en Bavière, j'ai pris conscience que la recherche sur l'histoire sociale de l'Allemagne nazie en était à peine à ses premiers balbutiements trente ans après la fin de la guerre. Ce sont les petits-enfants, et non pas les enfants, de ceux qui ont fait la guerre qui ont entrepris ce travail immense et passionnant de recherche sur l'Holocauste.

Revue des Deux Mondes – Nous en arrivons à la fin de la guerre froide. Vous posez une question intéressante à propos du « facteur Gorbatchev » : à quel point le pouvoir de décision d'un individu a-t-il un impact sur l'histoire ? Une question qui est déjà au cœur de votre biographie d'Hitler…

Ian Kershaw C'est une question fondamentale à la compréhension de l'histoire dans quelque époque que ce soit. La majeure partie de mon livre traite de facteurs non personnels déterminants dans le changement historique, des facteurs économiques, sociaux, culturels ; mais nous devons nous poser la question du rôle de l'individu. Je pense que l'on peut considérer Mikhaïl Gorbatchev comme un cas à part, car son importance historique est absolument cruciale. Les circonstances de son action étaient préexistantes, bien sûr, mais pas déterminantes, c'est-à-dire qu'elles ne contraignaient pas nécessairement son action à devenir ce qu'elle a été. C'est son instinct qui a eu un impact mondial. La réunification allemande, la fin du régime soviétique avaient besoin de Gorbatchev pour se réaliser pleinement, bien qu'elles aient des causes plus profondes. Le « facteur Gorbatchev », c'est-à-dire son ouverture au changement et à la réforme, a été à mon avis absolument crucial.

Revue des Deux Mondes – L'une de ses grandes idées était qu'une réforme économique en URSS ne pouvait advenir qu'après une restructuration politique. Cela a déterminé la suite, au point que l'on peut se demander si l'exemple de Gorbatchev n'est pas à l'origine de l'idée optimiste dominante de la globalisation des années quatre-vingt-dix selon laquelle libéralisme et démocratie vont nécessairement de pair. Pourquoi n'a-t-il pas suivi l'exemple de la Chine communiste, dont les réformes économiques n'ont pas engendré de changement politique ?

Ian Kershaw Je ne suis pas un expert de la Chine, mais à l'époque de la décision de Gorbatchev, les réformes économiques y avaient à peine commencé. Ce n'était donc pas encore un exemple. Je pense également que Gorbatchev a réussi à imposer cette idée que les changements politiques amènent la réforme économique, alors qu'en Chine, ils ont cassé leur système politique en sous-main pour introduire le paradoxe absolu, le capitalisme dans le communisme. Rappelons aussi que lorsque Gorbatchev a pris le pouvoir en 1985, il était le seul réformateur de son gouvernement, d'où le fait que son action politique soit un véritable exploit. Son idée, qui s'est effectivement imposée, est celle du triomphe de ce modèle occidental, d'où l'expression de Francis Fukuyama sur la « fin de l'histoire ».

Revue des Deux Mondes – En Europe aujourd'hui on parle beaucoup du retour des années trente pour caractériser la vague populiste qui secoue en fait la majeure partie de la planète. Y croyez-vous ?

Ian Kershaw Il est facile de dire que les spectres du passé reviennent nous hanter. Il y a des parallèles, bien sûr, mais les mouvements populistes de droite, par exemple le Front national et le mouvement pro-Brexit, qui ont des similitudes, sont des réactions aux impacts négatifs de la mondialisation. Et c'est quelque chose qui est réellement apparu dans les années quatre-vingt-dix, a explosé dans les années deux mille et s'est répandu grâce à Internet, aux réseaux sociaux et aux médias en général. Un grand revers a accompagné ce mouvement, et c'est ce revers que l'on peut comparer aux années trente dans la mesure où c'est l'autre, l'étranger (*outsider*) qui est pointé du doigt, l'Européen, l'immigré, le musulman, le juif. Le retour de l'antisémitisme est d'ailleurs un phénomène stupéfiant à observer. Il y a des retours en arrière en matière de récit qui ne sont pas sans ressemblance avec les années trente, mais le contexte économique et social est radicalement différent : dans les années trente, on avait affaire dans de nombreuses régions de l'Europe à une pauvreté abjecte, et la terreur de la pauvreté ou la révolte face à elle est un facteur déterminant. Aujourd'hui, la prospérité de l'Europe est incontestable, et même si la pauvreté demeure, elle n'approche en rien celle qui existait dans les années trente.

Par ailleurs, la différence la plus évidente est que les populistes de droite d'aujourd'hui ne cherchent pas à entrer ouvertement en conflit avec la démocratie, qui est aujourd'hui acceptée comme la norme en politique. Un nouvel Hitler ne peut pas être applaudi par une foule de quarante mille personnes en disant : « Je vais détruire la démocratie. » Nous avons aujourd'hui affaire à une érosion de la démocratie qui provient de l'intérieur, ou à des fausses démocraties qui ne sont que des façades – la Turquie, la Russie. Et par ailleurs, nous n'avons pas dans nos villes européennes les milices dont la violence politique a été l'un des points névralgiques des années trente. Nous n'avons pas non plus en Europe la menace imminente d'une guerre interne, c'est-à-dire que nous n'avons pas de Mussolini ou de Hitler ; les menaces sont extérieures, ce qui est une autre différence essentielle.

Revue des Deux Mondes – Êtes-vous optimiste quant aux dix ou vingt prochaines années ?

Ian Kershaw Je pense que les menaces auxquelles nous faisons face vont persister, mais que les vertus de nos systèmes l'endureront. Tout peut bien sûr basculer très vite, mais il me semble, à voir le résultat des dernières élections européennes, qu'une sorte d'optimisme prudent domine : les mouvements populistes de droite n'ont finalement pas percé avec la force que l'on craignait, et même si ce n'était qu'un revers et qu'ils revenaient à la charge, pour moi, la grande menace reste un nouvel effondrement économique, qui entraînerait un bouleversement politique majeur.

Cet entretien a été traduit par Auriane de Viry.

1. Ian Kershaw, *L'Europe en enfer (1914-1949)*, traduit par Pierre-Emmanuel Dauzat et Aude de Saint-Loup, Seuil, 2016 ; *L'Âge global. Europe, de 1950 à nos jours*, Seuil, 2020.

DOSSIER

HISTOIRE ET DESTIN DE L'ENFANT

Boris Cyrulnik

« L'ENFANT A ÉVOLUÉ DE LA MORT PROBABLE AU TRIOMPHE MALHEUREUX »

› propos recueillis par **Valérie Toranian**

Dans son dernier ouvrage, *La nuit j'écrirai des soleils* (1), Boris Cyrulnik explorait la psyché de grands écrivains français ayant vaincu les déchirures de l'enfance par l'écriture. L'enfant, son statut, son histoire son destin : le neuro-psychiatre retrace dans ce grand entretien l'évolution de l'enfant et évoque les découvertes des neurosciences qui ont permis de mettre en évidence la capacité de réparation des traumatismes. Le spécialiste de la résilience s'interroge aussi sur les carences de notre société qui n'a jamais autant voulu protéger l'enfant. Notre époque est doublement coupable, explique Boris Cyrulnik : en fétichisant l'enfant et en ayant voulu inventer le parent parfait...

« Revue des Deux Mondes – Commençons par aborder la question de l'enfant dans l'histoire. Dans votre dernier livre, vous parlez notamment beaucoup du XIXe siècle et de ses auteurs. Si l'on devait faire une synthèse, comment décririez-vous l'évolution du statut de l'enfant ?

Boris Cyrulnik L'idée qui me vient, c'est que l'enfant a évolué de la mort probable au triomphe malheureux. Dans les sépultures anciennes, les squelettes les plus nombreux étaient ceux des petits enfants. Jusqu'à la fin du XIXe siècle en Occident, un enfant sur deux mourait dans sa première année. Les femmes, jusqu'à la découverte par le Dr Semmelweis de la prophylaxie de l'accouchement en 1847, mouraient en moyenne à 36 ans après treize grossesses, et seuls sept de leurs enfants atteignaient l'âge adulte. Les hommes mouraient plus vieux, puisque l'on retrouve des squelettes de 45 ou 55 ans. À l'époque de *Sapiens*, je pense qu'il devait y avoir beaucoup d'accouplements mais pas de couples de chasseurs-cueilleurs : si un enfant arrivait, le groupe s'en occupait, et s'il ne mourait pas tout de suite, l'adulte qu'il devenait connaissait sa mère, mais quant au père… ! Il y a d'ailleurs des cultures qui fonctionnent encore comme cela.

On pouvait en être malheureux, mais la perte des enfants était naturelle – moins pour les femmes, sans doute, mais tout de même. Montaigne dit : « J'en ai perdu moi-même cinq ou six sans trop de peine. » Puis la technologie et l'école apparaissent, les femmes révolutionnent le mariage et la sexualité en y introduisant l'affection, et désormais le couple n'est plus uniquement formé pour des raisons sociales, puisqu'il produit aussi de l'affection et du plaisir sexuel. L'amour existait bien sûr auparavant, mais cet amour était sans lien avec le mariage et sans fonction sociale.

Boris Cyrulnik est neuropsychiatre et directeur d'enseignement à l'université de Toulon. Dernier ouvrage publié : *La nuit, j'écrirai des soleils* (Odile Jacob, 2019).

Le sexe servait au sacré et au social : mettre au monde une âme pour adorer Dieu, et de préférence un garçon pour travailler et faire la guerre. C'est également la première fois en France que trois générations se passent sans guerre, et dans ce contexte, les enfants prennent de plus en plus d'importance.

Revue des Deux Mondes – Comment l'enfant lui-même est-il considéré, quant à son image, son statut, ses droits ? Rousseau n'est-il pas le premier, avec cette idée de pureté et d'innocence originelles, à éclairer l'enfant sous un jour nouveau ? Cette vision de l'enfant est-elle une avancée ou un fétichisme ?

Boris Cyrulnik Je dirais que la vision de l'enfant est étonnamment variable selon le contexte culturel : si pour Rousseau l'enfant arrive pur, il y a des cultures qui considèrent l'enfant comme un être à dresser. Si l'on ne dresse pas les garçons, ils vont devenir des bêtes sauvages, et si l'on n'entrave pas les filles, elles vont devenir des prostituées. On a l'ange pur et le démon, selon les cultures, et c'est une alternance qui se retrouve chez nous. Ce sont des stéréotypes qui perdurent.

Revue des Deux Mondes – Cette idée de pureté rousseauiste et son contraire, cette diabolisation, ne sont-ils pas les écueils de la vision que l'on a de l'enfant ?

Boris Cyrulnik Tout à fait. C'est pour cela que j'emploie les termes « stéréotypes de milieux culturels ». En matière de neurosciences, on pose la question différemment : nous avons tous été à l'origine spermatozoïde et ovule, puis amas cellulaire, embryon, fœtus, bébé. Le raisonnement ne se fait plus en matière d'ange ou de diable, mais à travers un processus qui part de la biologie pour échapper à la biologie : c'est-à-dire que l'être biologique, le bébé, devient un être de culture quand il entre dans le monde des mots. C'est un raisonnement, je crois, qui n'a jamais été tenu avant les dernières décennies. Les féministes d'aujourd'hui contribuent involontairement – car elles s'appuient sur des réalités, à savoir les violences, les viols, la mort – à réinstaller le stéréotype du garçon diabolique. C'est une pensée de contiguïté, quand, à partir de faits réels, on dresse une fausse généralisation.

Les enfants viennent aujourd'hui au monde sous cette nouvelle pensée, à savoir le processus ontogénique ou développemental (selon lequel le corps se développe sous les pressions écologiques du milieu), qui n'est pas le processus historique (selon lequel l'idée que l'on a de soi descend des récits sociaux).

Ce raisonnement remet en cause certains déterminismes, mais pas le déterminisme biologique. Nous sommes tous partis d'un organisme avant d'être progressivement devenus des êtres de parole et de culture.

Ce raisonnement associe le biologique et le culturel. J'ai fait à Bucarest une conférence sur le cerveau social, puisque le cerveau est sculpté par le culturel.

Revue des Deux Mondes – Est-ce absurde de considérer qu'il y a une fracture entre l'inné et l'acquis ?

Boris Cyrulnik Absurde, en effet. Ça fait vingt ans qu'on n'en parle plus, même en éthologie animale. C'est un concept idéologique, pas scientifique : l'inné existe, mais il ne peut pas se développer sans l'acquis, et l'acquis ne peut pas se faire sans matière innée. C'est pour cela qu'il faut penser le développement de l'être dans l'interaction entre les deux, puisque l'empreinte de la culture se fait très tôt chez l'enfant. Quand, avant la conception, le couple ignore qu'il va organiser la niche sensorielle de l'enfant, c'est-à-dire que l'enfant est conçu à leur insu et dans des conditions défavorables – prenons par exemple une jeune fille de 14 ans, prenant des substances, avec un garçon déscolarisé de 17 ans –, on peut prédire que l'enfant aura des difficultés de développement qui seront à la fois biologiques (si la mère fume, ce qui altère les synapses du bébé) et culturelles (les parents mal sociabilisés fourniront probablement un environnement instable). À l'inverse, un couple qui s'entend bien va organiser un champ sensoriel stable et affectif, et l'enfant qu'il va mettre au monde aura plus de chances de bon développement. C'est donc un raisonnement qui mélange le biologique et la culture.

Revue des Deux Mondes – C'est un raisonnement qui produit donc tout de même des déterminismes. À la lecture de vos livres, on ressent également l'importance de la communauté qui se trouve autour de l'enfant, une communauté qui pourrait potentiellement rattraper les erreurs commises en amont...

Boris Cyrulnik Exactement. Les travaux récents ont montré que 25 % des femmes enceintes ou en post-partum dépriment ; on a également des dépressions pré-partum, c'est-à-dire que les conditions de la grossesse sont un déterminisme biologique. Déjà, la relation affective, la dilution de la famille et les nouvelles contraintes sociales font que plus d'une femme sur quatre déprime. Selon les historiens Philippe Ariès et Georges Duby, et particulièrement Ariès, quand une femme accouchait auparavant en France, il y avait ce que l'on appelait le « lit des relevailles » : la femme n'exprimait pas son malaise, elle disait juste « je suis fatiguée ». Elle s'allongeait et le groupe s'occupait du bébé, qui lui était ensuite rendu lorsque sa « fatigue » se dissipait. Une femme qui mettait au monde un bébé dans ce contexte historique n'était donc jamais laissée seule, et le bébé lui-même n'était pas isolé. Or aujourd'hui, une femme qui met au monde un enfant, c'est une femme hyperactive, qui a des diplômes, qui travaille, et qui tout d'un coup se retrouve seule avec son bébé à la maison : si elle déprime, personne ne peut l'aider, puisque le mari, si mari il y a, part le matin et ne rentre que le soir. Et d'ailleurs le nombre de femmes seules est vertigineux, et la courbe monte rapidement. L'homme, même s'il ne porte pas l'enfant, est un substitut affectif qui peut sécuriser la femme enceinte et participer à son bien-être, ou au contraire, à son mal-être : il a été démontré que les maltraitances conjugales commencent souvent pendant la grossesse. Le psychiatre Michel Delage m'a donné une explication à ce mystère : ce sont des hommes qui, dès le début du couple, se préparent à une relation d'emprise, et quand la femme se trouve enceinte, son emprise est contestée puisqu'elle va désormais « être à quelqu'un d'autre ». La violence commence donc pour empêcher la femme de s'échapper.

Tout cela pour dire qu'un enfant arrive dans un champ émotionnel déjà structuré par les deux parents, c'est-à-dire par la culture. Car c'est par la culture que la femme qui met au monde est aujourd'hui seule, alors qu'il y a deux générations, elle était entourée.

Revue des Deux Mondes – Dans votre dernier ouvrage, vous abordez pour la première fois la question de la relation entre la résilience et l'écriture. Vous nous invitez à nous intéresser à des bébés qui, une fois adultes, sont devenus des écrivains célèbres : le bébé Baudelaire,

le bébé Genet, le bébé Primo Levi, etc. Et vous en tirez la conclusion que la littérature française foisonne de ces bébés traumatisés, d'orphelins, d'enfants séparés de leur père. La relation entre le manque, la perte ou la souffrance et la création est donc au cœur de votre réflexion…

Boris Cyrulnik Absolument. C'est le sujet d'un livre d'André Haynal (2), professeur de psychologie à Genève, qui a fait le recensement des enfances des écrivains connus, et l'abandon dans l'enfance s'y est révélé très commun. Le titre est d'ailleurs « Les orphelins mènent-ils le monde ? ». Mon livre est donc parti de mon étonnement à la lecture de celui-ci, et aussi d'un constat : quand la mère s'absente, ou bien l'enfant panique, ou il s'éteint, ou bien alors il prend un papier et un crayon et se met à dessiner un cœur, un bonhomme, en anticipant de lui donner ce dessin à son retour. L'angoisse du départ, de l'absence, est comblée, supportée par la création et l'anticipation. C'est toujours le même mécanisme, par l'écriture de l'adulte ou le dessin de l'enfant, qui est une forme de proto-écriture.

Revue des Deux Mondes – Quand vous parlez de ces grands écrivains, diriez-vous que la souffrance est nécessaire à la création ?

Boris Cyrulnik Non. La souffrance contraint à la création, mais la création n'est pas contrainte à la souffrance. C'est-à-dire que si on souffre et que l'on sait écrire, peindre ou chanter, on se défend mieux. Mais il y a beaucoup de créateurs qui créent sans souffrance.

Revue des Deux Mondes – Parlons de Jean Genet. Sa sœur de lait et lui ont tous les deux été accueillis par la famille Régnier, famille chaleureuse, vivante, bienveillante, que l'on imagine procurer tous les *stimuli* nécessaires au bon développement des enfants. Or ils ne se sont pas construits de la même façon. Contrairement à sa sœur de lait, Jean Genet échoue à se construire positivement dans cet environnement pourtant positif…

Boris Cyrulnik J'ai pris l'exemple de Jean Genet car il a été abandonné à la naissance et isolé sensoriellement pendant sept mois. Mille publications confirment que lorsqu'un bébé est isolé à sa naissance et sans substituts affectifs, son cerveau, non stimulé, s'altère et s'éteint. Si ça dure trop longtemps, ça donne une atrophie des deux lobes préfrontaux : le système limbique, qui est le socle neurologique de la mémoire et des émotions, est atrophié car il n'y a rien à mettre en mémoire et à analyser, le bébé est dans un berceau-cage. L'enfant qui a été isolé dans les premiers mois de sa vie développe une méfiance et une insensibilité envers les *stimuli* ultérieurs, et tout ce qui concerne l'affect : « Je ne sais pas pourquoi, la vie a pour moi un éternel goût de chagrin », disait Genet. Ce goût de chagrin, c'est le socle de la façon dont il interprète toutes les actions des autres et les événements autour de lui : quand Jean-Paul Sartre se comporte aimablement avec lui, il rétorque : « Il m'a mis sur un piédestal, le salaud. » C'est le ressenti de l'enfant-poubelle, qui ne pense pas mériter l'amour de l'autre, et qui s'en défend en blessant ou en volant celui qui l'aime : il ne risque plus d'être aimé, il est protégé de cette angoisse.

Revue des Deux Mondes – La sublimation de la souffrance par l'art – et la sublimation par l'art en général – n'est pas donnée à tout le monde. Vous avez une formule intrigante : « Quand un enfant se cache derrière un livre, c'est mauvais signe. »

Boris Cyrulnik Les schizophrènes se cachent derrière les livres, car ils sont terrifiés des relations avec les autres. Ils deviennent très bons élèves, et à l'adolescence, quand il faut quitter la famille, ils s'effondrent. Genet n'était pas schizophrène, mais il avait lui aussi cette manière de se cacher derrière les livres par peur des autres petits garçons qui chahutaient autour de lui. Résultat, contrairement à sa sœur Lucie, il n'a pas appris à parler ni à aimer. Il n'a pas appris les rituels de jeux, de relations, et Tahar Ben Jelloun dit de lui que ce n'était pas un homme plaisant. C'était un écrivain qui a beaucoup plu, notamment par son engagement auprès des opprimés. Mais il avait aussi éprouvé beaucoup d'admiration pour les milices nazies, car il trouvait ces jeunes gens armés très beaux !

Revue des Deux Mondes – Qu'est-ce qui permet de se réaliser en tant qu'écrivain, et qu'est-ce qui rend cette résilience, cette sublimation possibles ?

Boris Cyrulnik Il faut un contexte qui donne la possibilité d'écrire : Genet a eu l'école, où il a été bon élève. À cette époque, les enfants de l'Assistance devenaient des bonnes ou des garçons de ferme. Il a été placé chez un compositeur de musique aveugle, qu'il a bien sûr volé. S'il avait été équilibré, il aurait été son comptable et probablement assez heureux.

Revue des Deux Mondes – Écrire, c'est une manière de « faire avec », puisque, c'est la conclusion de votre livre, la blessure ne se referme jamais vraiment...

Boris Cyrulnik Les explications neurobiologiques, notamment pour le chercheur Francis Eustache, avec qui j'ai la chance de travailler, sont les suivantes : un malheur nous arrive enfant, à l'époque où notre cerveau bouillonne dans tous les sens, nous n'en avons pas de source consciente puisque notre mémoire commence lorsque la parole apparaît. Mais il reste des traces neurologiques (ce « goût de chagrin » chez Genet). Le talent de l'écrivain pour les mots ajoute à sa mémoire consciente une autre source mémorielle. Je m'explique : il n'a pas la mémoire de son abandon, mais en donnant forme aux traces neurobiologiques qu'il en a, il modifie probablement l'image de ce trauma.

Revue des Deux Mondes – C'est-à-dire qu'avec l'écriture, la mémoire se transforme en récit, et que ce récit se substitue à la mémoire. Est-ce la condition de la résilience ?

Boris Cyrulnik Tout à fait. À cette mémoire s'ajoute le récit, et si le récit se développe trop, il finit par supplanter la mémoire : d'où le faux souvenir. Les gens sont sincères, mais ils ont un faux souvenir. Le récit modifie la représentation du réel, et amortit la souffrance, sans effacer la trace du coup reçu.

Revue des Deux Mondes – Cette souffrance, vous en avez fait l'expérience durant la guerre. Vous parvenez à fuir les nazis, l'année de vos 6 ans, vos parents disparaissent, vous êtes accueillis par des Justes... Mais surtout après la guerre, car il vous est impossible de raconter l'expérience avec justesse et de vous faire comprendre. Vous avez même dû subir le rejet et l'agressivité des autres...

Boris Cyrulnik Je pense que j'ai limité la casse grâce au refuge dans la rêverie, qui était presque pathologique. Cela m'a permis d'éviter l'horreur du réel, que je n'ai pas éprouvée pendant la guerre puisque j'étais auprès de gens gentils qui me sécurisaient. Le monde était binaire : gentils et méchants, gros et maigres, hommes et femmes. Le malaise est venu après la guerre, quand j'ai cherché ma filiation, que je ne connaissais pas et que j'ai mis très longtemps à découvrir, quand il a fallu que je parle et qu'on m'a fait taire, soit en éclatant de rire, soit en me disant que mes parents avaient dû commettre de grands crimes pour être punis aussi cruellement. Je dois aussi mon aventure sociale et mon épanouissement relatif à ma névrose, mon clivage. Si j'avais été équilibré, j'aurais été menuisier comme mon père – ce qui ne veut pas dire que j'aurais été malheureux.

Revue des Deux Mondes – La rêverie permet de s'échapper et aussi de se construire. Combien de temps vous a-t-il fallu pour la transformer en écriture ?

Boris Cyrulnik Il m'a fallu très peu de temps. Dès que j'ai su écrire, je me suis mis à écrire au sens littéraire du terme : des histoires porte-parole, car je n'osais pas dire « je » et je déléguais mon histoire. J'étais clivé.

Revue des Deux Mondes – On dit qu'au retour des camps, ce n'est pas tant que les survivants ne parvenaient pas à raconter, mais plutôt que les autres n'avaient pas envie de les entendre...

Boris Cyrulnik Bien sûr. Moi, on m'a fait taire. J'aurais bien aimé parler mais c'était impossible. On décrédibilisait ma parole comme celle des femmes violées – on le fait moins aujourd'hui, mais cela n'a pas disparu : j'ai déjà entendu des « elle a dû l'avoir cherché », et de la part de femmes ! Et d'autres femmes qui avaient tellement intériorisé les discours collectifs qu'elles me disaient : « j'ai dû le provoquer ». C'était elle la coupable, pas le violeur ! Et moi aussi, après la guerre, je me sentais coupable de la mort de mes parents.

Revue des Deux Mondes – La rêverie et l'imaginaire sont structurants dans l'évolution neurologique de l'enfant. Mais aujourd'hui il est surtout rivé à son écran de smartphone. En êtes-vous inquiet, en tant que neuropsychiatre ?

Boris Cyrulnik Bien sûr. Il y a des techniques pour stimuler la créativité et l'imagination de l'enfant : la musique, le dessin, tout ce que la culture a inventé. Mais aujourd'hui, même les ateliers de socialisation des enfants comportent des écrans : les éducateurs regardent des films avec les enfants au lieu de les inviter à la créativité. Devant un écran, on est passif, médusé au sens grec du terme. On est tous complices : l'autre jour, dans l'avion, un bébé hurlait, et la mère a fini par sortir son portable ; il s'est immédiatement calmé, elle a voulu le retirer un peu plus tard, le bébé s'est remis à hurler et elle le lui a rendu. On a là un tranquillisant tragique, aussi tragique que le tranquillisant chimique : le cerveau s'éteint, et ça aboutit à une véritable tragédie avant même l'adolescence. Un bébé pré-verbal, dès son deuxième mois, apprend à décoder les mimiques faciales de sa mère, accueil, sourires, interdits, etc. Cela correspond à une zone cérébrale sculptée par l'interaction. Or, devant un écran, un enfant n'apprend pas ce décodage, ce qui met en difficulté sa future socialisation : il ne va pas comprendre quand on va l'inviter à jouer, quand on lui pose un interdit, ou quand on lui fait une déclaration d'amour, comme Jean Genet avec ses parents d'adoption. Cérébralement, il en sera incapable, puisqu'il sera victime d'une dysfonction cérébrale : c'est le lobe occipital qui est stimulé par les écrans, et c'est la zone pariéto-occipitale qui se spécialise dans le décodage des expressions – or elle est ici éteinte, et les deux zones occipitales sont hypertrophiées.

Revue des Deux Mondes – Quelles sont les conséquences de l'hypertrophie de ces deux zones occipitales ?

Boris Cyrulnik Cette passivité fait qu'on comprend les images mais plus les mots. On peut décoder une image, peut-être mieux que quelqu'un qui a été bien élevé, mais on ne comprend plus une explication qui ne soit pas gestuelle ou imagée.

Revue des Deux Mondes – Très tôt, l'enfant peut devenir violent. Comment les choses basculent-elles ? Les causes sont-elles neurologiques ou culturelles ?

Boris Cyrulnik Les deux : c'est neurologique puisque le cerveau est en développement constant, c'est-à-dire en réduction constante (et c'est la réduction qui ordonne le cerveau, puisque l'on perçoit tout à la naissance, puis seulement les phonèmes de sa langue, puis on trie les informations et les impératifs : un monde réduit, c'est un monde clair), et c'est culturel, puisque l'environnement culturel change en permanence.

Quant à la violence, je pense qu'il s'agit d'une maturation précoce du cerveau. Il y a quelques années, par exemple, les filles qui développaient une anorexie mentale le faisaient à la puberté ; aujourd'hui, il y en a qui la commencent à 8 ans. À l'époque des Romains, les filles étaient réglées à 16 ans ; aujourd'hui, c'est plutôt entre 8 et 12 ans. C'est dû à l'amélioration de la niche sensorielle des enfants : on les élève mieux, mais on leur permet aussi d'arriver très tôt à des engagements qu'ils ne sont pas capables de supporter. C'est pour cela que les pays d'Europe du Nord freinent leurs enfants, alors qu'en Asie, par exemple, c'est la culture du *sprint*: il y a des enfants qui tiennent le coup et accomplissent des performances extraordinaires, mais énormément d'enfants « cassent », s'isolent, particulièrement les garçons : ils ont peur des femmes.

La violence est une dysfonction cérébrale organisée par une surstimulation précoce. L'une des fonctions du lobe préfrontal, c'est d'inhiber l'amygdale rhinencéphalique, qui, lorsqu'elle est stimulée, déclenche des réactions émotionnelles insupportables – haine, rage. Les accidents et les tumeurs qui stimulent cette zone rendent les gens atrocement violents. Or, dans ces cas-là, le lobe préfrontal est atrophié car non stimulé par la parole, le récit, la rêverie, l'imagination, etc. Ces enfants violents ressentent tout comme une agression.

Le deuxième régulateur des émotions, c'est la parole, et ces enfants ont un retard énorme à cet égard. Certains enfants, arrivant en maternelle à 3 ans, ont un vocabulaire de cent cinquante à trois cents mots, et d'autres ont un vocabulaire de huit cent ou mille mots. Devinez lesquels vont être de bons élèves !

Le troisième régulateur des émotions, après le cerveau et la parole, c'est le lieu de parole : or, notre culture supprime de plus en plus les lieux de parole. Les jeunes isolés ont donc des émotions insupportables. Dans certains quartiers, on entend tous les jours : « Pourquoi tu me regardes / tu me parles comme ça ? Tu me cherches ? » Tout est une agression, ils n'ont pas les mots pour réguler leurs émotions, et la culture les prive de lieux de parole.

Revue des Deux Mondes – Parlons de l'attachement multiple, puisque vous soulignez dans votre livre que tout n'a pas forcément à voir avec un père et une mère, et que beaucoup de cultures entourent l'enfant de tout un groupe. Quelle différence entre un enfant élevé ainsi et un enfant élevé au sein d'une famille monoparentale ?

Boris Cyrulnik Je me méfie du concept de famille monoparentale : quand une femme divorce, elle a la garde de l'enfant dans 80 % des cas, et la plupart du temps vit avec un nouveau compagnon qui produit à l'enfant la niche sensorielle dont il a besoin. On parle de « monoparentalité » mais c'est donc, dans les faits, souvent inexact. L'enfant apprend à aimer sa mère et un autre, avec un autre style affectif : un homme, une tante, une grand-mère ou un grand-père, une autre mère dans le cas des couples homosexuels, etc. Il n'est pas prisonnier de l'affection de sa mère, ce qui serait forcément quelque chose de négatif ; d'où la figure du père, qui varie énormément selon les époques et les cultures (père biologique, oncle, groupe, etc).

Revue des Deux Mondes – Concernant la gestation pour autrui (GPA), en termes de sensorialité pure, n'y a-t-il pas rupture entre la mère porteuse et l'enfant quand l'enfant est confié à la mère « d'intention » ?

Boris Cyrulnik Quand l'enfant a été familiarisé dans l'utérus à la mère et que la mère donne l'enfant à une autre femme, différente de par sa voix, son odeur, etc., l'environnement sensoriel est différent. Il y a effectivement une désorganisation. Une étude montre que les enfants prématurés s'ajustent mal au corps de la mère : un bébé né à terme s'y colle, s'oriente dès sa première heure vers le mamelon en regardant ses yeux, pas les bébés prématurés. C'est probablement ce que les enfants donnés, échangés, vendus, ressentiront : des troubles de l'attachement qui disparaîtront dès que l'enfant sera familiarisé à d'autres bras maternels.

On a aussi des femmes très malheureuses qui vendent leur ventre, et qui transmettent quelque chose de négatif à l'enfant ; mais si on confie l'enfant à une femme heureuse de l'avoir, les séquelles du traumatisme, on le voit au scanner, s'éliminent en quelques jours.

Revue des Deux Mondes – La différence sexuelle est-elle importante pour l'environnement sensoriel ?

Boris Cyrulnik C'est l'altérité qui est importante : il faut que l'enfant apprenne à aimer sa mère et quelqu'un de différent, différemment. Quand il a deux mères, il y a sa mère qui l'a porté, et l'autre, qui prend la fonction sensorielle du père. L'altérité n'est pas forcément sexuée : personne ne protestait quand une mère seule élevait l'enfant avec une grand-mère.

Revue des Deux Mondes – Ne fétichisons-nous pas l'enfant et la jeunesse ? Et n'assiste-t-on pas à une inversion dans les rôles des parents et des enfants ?

Boris Cyrulnik Notre époque est doublement coupable : elle a voulu inventer le parent parfait. Mais l'enfant doit pouvoir, ponctuellement, en vouloir à un parent qui commet une erreur. En encourageant les parents à sur-couver les enfants, on commet une grave erreur et l'on crée des enfants « quérulents », c'est-à-dire des enfants qui font des procès tout le temps, qui sont insatisfaits et revendicatifs.

Ensuite, elle a fétichisé l'enfant. Et dans la fétichisation se révèle la perversité des parents : l'enfant n'est plus un enfant mais un représentant de mon sexe, et il doit être parfait pour prouver que ce sexe, ventre ou phallus, fonctionne bien. Son imperfection remet en question mon statut de père ou de mère : c'est une injonction impossible, dépersonnalisante, qui prive l'enfant d'épreuve. Alors que toutes les cultures ont inventé des rituels et des épreuves pour, justement, accueillir l'enfant en son sein.

1. Boris Cyrulnik, *La nuit, j'écrirai des soleils*, Odile Jacob, 2019.
2. André Haynal, Pierre Rentchnick et Pierre de Senerclens, *Les orphelins mènent-ils le monde ? Un problème psycho-historique*, Stock, 1977.

L'ÉPOQUE DONT LE PRINCE EST UN ENFANT

› **Philibert Humm**

Autrefois, les enfants n'avaient pas le droit de parler à table. Aujourd'hui, s'ils restent muets, on les envoie consulter. Demain, ceux qui n'auront pas signé de pétition passé l'âge de raison iront peut-être en maison de correction.

Greta Thunberg avait 7 ans quand parut le manifeste de Stéphane Hessel, *Indignez-vous !* (1), traduit en trente-cinq langues et vendu à 4 millions d'exemplaires. Si elle ne l'a pas lu, ses éditeurs français s'en seront chargés. La couverture de son livre, *Rejoignez-nous* (2), rappelle furieusement celle de l'essayiste. Même police, même impératif. Ne cherchez pas de formule de politesse, l'époque est au mot d'ordre, à la sommation. Dans son appel à la mobilisation, on lit par exemple ceci :

> « Je ne veux pas de votre espoir. Je ne veux pas que vous soyez pleins d'espoir. Je veux que vous paniquiez. Je veux que chaque jour vous ayez peur comme moi. Et puis je veux que vous agissiez. Je veux que vous agissiez comme si vous étiez en crise. Je veux que vous agissiez comme si notre maison était en feu. Parce qu'elle l'est. »

Voici donc venu le grand jour du grand soir. Celui des cataclysmes. Dans les illustrés du siècle précédent, les prophètes de malheur avaient les cheveux blancs, un front dégarni et quelque titre de savant. Ceux d'aujourd'hui ont une bouille ronde et le brevet des collèges. On ne les entend pas davantage, alors ils se mettent en colère.

Greta Thunberg n'était pourtant pas prédestinée à faire les gros yeux. En mai 2018, à la faveur d'un concours d'écriture sur le climat, cette fille d'artistes suédois, diagnostiquée autiste Asperger, rencontre Bo Thorén, « écologiste de la première heure », dont l'association milite contre les industries fossiles. Quelques semaines plus tard, la lycéenne se poste seule devant le Parlement suédois, assise derrière une pancarte sur laquelle est inscrit en lettres capitales « Grève scolaire pour le climat ». « Je n'étais pas du tout au courant », assure Jonas Axelsson, éditeur qui publie dans la foulée sa biographie (3). Renouvelée chaque vendredi, l'action attire l'attention des réseaux sociaux et bientôt des médias. Les grèves pour le climat essaiment dans une vingtaine de pays. Où va le monde ? Dans le mur. Et les jeunes ? Dans la rue. Greta fait des émules sur toute la surface du globe et, avant la fin de l'année, elle est invitée à la Cop 24 en Pologne. Et en septembre de l'année suivante, elle prend la parole à l'ONU lors du sommet sur l'urgence climatique.

Philibert Humm est journaliste. Il a publié *Le Tour de France par deux enfants d'aujourd'hui* (avec Pierre Adrian, Éditions des Équateurs, 2018).

Ce n'est pas la première fois qu'une adolescente monte à la tribune de l'ONU. En 1992, au dernier jour du sommet de Rio, la jeune Severn Cullis Suzuki, 12 ans, avait fait sensation. Depuis, le dérèglement climatique est devenu palpable et l'urgence absolue plus absolue encore. Très vite, les puissants se bousculent auprès de Greta Thunberg, qui devient une icône, un totem à côté duquel il fait bon être photographié. Al Gore, Barack Obama, Leonardo DiCaprio, Arnold Schwarzenegger l'embrassent comme du bon pain, Jean-Claude Juncker s'en tient au baisemain et le pape François la reçoit au Vatican. À Davos, en janvier, elle discourt devant un parterre de patrons et de décideurs. Tous l'applaudissent et Christine Lagarde l'assure de son soutien en des termes que rapporte *Paris Match* : « Je t'admire et suis de ton côté. » Mais l'emballement prend une tout autre ampleur au sommet de New York, qu'elle a rejoint par voie de mer. Sourcils froncés, Greta annonce qu'elle poursuit en justice, avec quinze autres militants de son âge, l'Allemagne, la France, le Brésil, l'Argentine et la Turquie devant le Comité des droits de l'enfant de l'ONU.

> « Comment osez-vous ? Vous avez volé mes rêves et mon enfance avec vos paroles creuses. *[...]* Les gens souffrent, ils meurent. Des écosystèmes entiers s'effondrent, nous sommes au début d'une extinction de masse, et tout ce dont vous parlez, c'est d'argent, et des contes de fées de croissance économique éternelle ? Comment osez-vous ? »

Or, sous tous les cieux sans vergogne, c'est un usage bien établi, dès qu'il s'agit de rosser les gosses, tout le monde se réconcilie. La riposte des grandes personnes n'est pas longue à venir. À droite et dans une moindre mesure à gauche, c'est l'union sacrée. Sur les plateaux de télévision, les éditorialistes qualifient tour à tour la jeune fille de « sadique », « fanatisée », « irrationnelle », « illettrée », « ridicule » et l'accusent d'être « manipulée ». « Les gens qui défendent Greta Thunberg fascinent par leur désir d'être dupes, écrit le philosophe Raphaël Enthoven. Aucun d'eux n'ignore qu'il est en présence d'une arnaque, d'une image, d'une enveloppe vide mandatée pour dire le Bien. (4) » Quant à l'écrivain Pascal Bruckner, il juge la ferveur qu'elle suscite comme le symptôme d'une interversion des générations : « Nous nous extasions devant une jeune fille qui ne fait que reproduire des mots qu'on lui a mis dans la bouche. C'est l'effet perroquet. (5) » Michel Onfray abonde : « Se pâmer devant la ventriloquie d'une jeune fille qui débite les discours que des adultes lui écrivent est un signe de nihilisme ! (6) » Le perroquet ventriloque en prend pour son grade. Le plus souvent, les attaques sont dirigées contre Greta Thunberg et non contre la défense de l'environnement. On moque son timbre, son autisme, ses nattes, le consensus journalistique et politique qu'elle semble susciter. On s'offusque qu'elle sèche les cours, on appelle caprice son souhait de traverser l'Atlantique en voilier plutôt qu'en avion... Elle est « Notre-Dame de l'indignation », « gourou apocalyptique » et « Prix Nobel de la peur »... Les formules fusent à basse altitude, et le message disparaît derrière la messagère. Sous couvert d'ironie et de sarcasmes, c'est au fond l'antienne du « Passe ton bac d'abord ».

Outre son âge, il est reproché à Greta de ne pas sourire et de se faire le chantre d'un certain « déclinisme ». L'adolescente, selon le docteur Laurent Alexandre, l'un de ses plus fidèles détracteurs, « conduirait la jeunesse au Prozac ». On la proclame héraut d'une écologie dite punitive et culpabilisante. Prompte, pour le polémiste Olivier Babeau, à « promener son courroux sur toutes les estrades où l'on veut bien d'elle » et à faire la leçon à un « aréopage de parlementaires contrits ». « Il ne faut pas non plus créer une génération de déprimés autour de ce sujet », met en garde le ministre de l'Éducation, Jean-Michel Blanquer, tandis que la secrétaire d'État à la Transition écologique, Brune Poirson, lançait sur France Inter : « Je ne crois pas qu'on puisse mobiliser la population avec du désespoir, avec presque de la haine et en montant les uns contre les autres. »

En d'autres termes, on blâme une adolescente de 16 ans de n'être pas suffisamment diplomate et politique. « Ce n'est pas le moment de parler poliment ou de se concentrer sur ce que nous pouvons ou ne pouvons pas dire, s'est empressée de répondre l'intéressée. C'est le moment de parler clairement. » Aussi clairement qu'elle l'a fait le mois dernier, en posant sa voix sur un morceau du groupe britannique The 1975 :

> « Nous devons reconnaître que la situation est hors de contrôle. *[...]* Nous devons reconnaître que les générations précédentes ont failli. Que les politiques successives ont échoué. *[...]* Alors, tout le monde dehors ! C'est le temps de la désobéissance civile. Il est temps de se rebeller. (7) »

L'indignation, encore. L'indignation toujours. Celle que célébrait Stéphane Hessel. « Je vous souhaite à tous, écrivait-il, à chacun d'entre vous, d'avoir votre motif d'indignation. C'est précieux. » Comme si l'indignation pouvait se suffire à elle-même, scandée, chantée, déclinée en slogans, pancartes et mots-dièse. Apostrophé sur ce thème en octobre dernier, Emmanuel Macron avait renvoyé un étudiant dans les cordes :

> « L'indignation de la jeunesse sur ces sujets, j'en ai besoin. Pour nous faire tous bouger collectivement. Mais nous sommes au temps des travaux pratiques. J'ai besoin d'une indignation qui contribue et qui aide. Qui aide à aller nettoyer les rivières polluées, à former dans les écoles, pour sensibiliser au tri sélectif. *[...]* On ne peut plus se contenter d'un agenda d'incantation. D'abord parce que c'est trop facile de s'indigner. C'est trop facile. J'ai besoin de l'énergie de tout le monde. Si vous voulez vous indigner, venez m'aider. (8) »

Il y a quelques mois, le collectif Extinction Rebellion, « mouvement de désobéissance civile massif » né en mai 2018 en Angleterre, présent aujourd'hui dans une soixantaine de pays, plantait tentes et drapeaux sur la place du Châtelet, à Paris. Une semaine de blocage pour sensibiliser les gouvernements et réclamer un changement radical de nos politiques environnementales. « Ce mouvement, témoignait une militante, m'a permis de reprendre ma vie en main, de lui donner un sens. » À en croire certains, la réception des discours de Greta Thunberg et plus généralement l'adhésion aux luttes écologiques participerait aussi de cette quête de transcendance. Dans une tribune au *Figaro*, Paul Godefrood, selon qui « l'écologie est un sujet trop important pour être laissé aux mains d'une adolescente », considérait Greta Thunberg comme « la figure même de la fabrication en série par le marché des héros dont le monde postmoderne manque cruellement et auxquels il demande à s'attacher. *[...]* Car si la religion a grandement disparu de nos sociétés, le besoin de croire en quelque chose, reliquat de l'anthropologie classique que le libéralisme n'est pas parvenu à faire disparaître – perdure. (9) » En d'autres termes, quand il n'y a plus de Ciel, on se tourne vers la Terre. Et quand la Terre ne tourne plus rond, on s'en remet à Greta.

> « Je n'ai plus aucun espoir en l'avenir de notre pays si les jeunes d'aujourd'hui doivent être les dirigeants de demain, car ils sont insupportables, inconscients voire effrayants. Si l'avenir de notre peuple est entre les mains de la jeunesse frivole d'aujourd'hui, il y a de quoi désespérer. Cette jeunesse se conduit avec une suffisance intolérable. Elle croit avoir la science infuse. Quand j'étais jeune, on nous apprenait les bonnes manières et le respect que l'on doit à ses parents. Mais la nouvelle génération n'a de cesse de contester et elle veut avoir raison. Il est un fait certain que les jeunes sont d'une extrême insouciance. »

Ainsi parlait Hésiode, au VIIIe siècle avant Jésus-Christ (10). Que ce monsieur se rassure, il est un fait certain que les jeunes d'aujourd'hui sont beaucoup plus soucieux.

1. Stéphane Hessel, *Indignez-vous !*, Indigène éditions, 2010.
2. Greta Thunberg, *Rejoignez-nous #grevepourleclimat*, traduit par Flore Vasseur, Kero, 2019.
3. Malena Ernman, Beata Ernman, Svante Thunberg et Greta Thunberg, *Scener ur hjärtat*, Polaris, 2018 ; *Scènes du cœur*, traduit par Alex Fouillet, Kero, 2019.
4. Raphaël Enthoven : « Les gens qui défendent #GretaThunberg fascinent par leur désir d'être dupes. Aucun d'eux n'ignore qu'il est en présence d'une arnaque, d'une image, d'une enveloppe vide mandatée pour dire le Bien. Et c'est pour cette raison qu'il ne faut jamais le leur dire ! Cécité volontaire. », Twitter, 6 août 2019.
5. Pascal Bruckner, invité du « 7/9 » de France Inter, 3 septembre 2019.
6. Michel Onfray, interview au journal berlinois *Die Welt*, 14 août 2019.
Https://michelonfray.com/archives/greta-thunberg-michel-onfray-repond-aux-critique?mode=video&fbclid=IwAR2AlUaagVo4rBOsQqY7VBU9FIPc32_E6s8RoypQiyrmj272z8LvVLEUlul.
7. The 1975, *Notes on a Conditional Form*, Polydor Records, 2020.
8. Emmanuel Macron lors du débat sur la réforme des retraites, le 3 octobre à Rodez (Aveyron).
9. Paul Godefrood, « L'écologie est un sujet trop important pour être laissé aux mains d'une adolescente », FigaroVox, 22 juillet 2019.
10. Hésiode, *Théogonie. Les Travaux et les jours. Le Bouclier*, Les Belles Lettres, 2002.

JEUNESSE ET PHILOSOPHIE SELON PLATON

› **Stéphane Ratti**

Au temps de Platon, la cité qui donnait le *la*, celle qui était à la mode et dont il convenait de chanter les louanges n'était pas Athènes, mais bien Sparte (1). Xénophon n'achève-t-il pas le chapitre x de son traité *La Constitution des Lacédémoniens* par ces mots: « Tout le monde loue ces institutions » ? Le législateur sans doute mythique qui donna ses lois à la cité du Péloponnèse n'est autre que ce Lycurgue dont Plutarque rédigea une louangeuse biographie dans l'une des plus connues de ses *Vies parallèles*. Or Lycurgue est censé avoir vécu au IXe siècle avant notre ère. Pour avoir une idée de la force des permanences dans l'Antiquité, on notera que l'un des plus vibrants hommages encore rendus au législateur de Sparte se trouve dans un texte de l'historien romain Justin, que l'on doit placer au IVe siècle après J.-C. Autrement dit, l'image de Lycurgue a non seulement traversé les siècles mais a survécu à la disparition de Sparte, à l'écroulement politique d'Athènes et même à la prospérité autocratique du Haut-Empire romain. Et que dit Justin, qui se fonde sur de bonnes sources, du modèle politique cher à Lycurgue ? Ce n'est ni plus ni moins qu'une rigoureuse gérontocratie : « Il décida que l'on devait honorer non pas les gens riches et puissants mais les vieillards, en fonction de leur avancée en âge, et sans aucun doute il n'est nul endroit au monde où la vieillesse est tenue en plus grand honneur. (2) » Les adolescents pubères, de leur côté, ajoute Justin, sont écartés à Sparte du « forum », donc de la vie politique, et sont conduits aux champs « afin qu'ils ne passent pas leurs premières années dans le luxe mais qu'ils vivent dans le travail et la peine ». Voilà, aux yeux du moins des Romains à l'aube de l'Antiquité tardive, les clefs du succès de celle qui abattit la brillante Athènes – celle de Socrate – grâce à son succès en 404 dans la guerre du Péloponnèse !

En réalité, si Justin, un piètre abréviateur tardif et assez représentatif du conservatisme ambiant au IVe siècle de notre ère parmi les élites païennes, a pris au pied de la lettre l'enseignement de Xénophon et de ses abréviateurs, l'auteur de *La Constitution des Lacédémoniens*, admirateur de l'enseignement de son maître Socrate, n'en pensait pas moins. De fait son traité sur Sparte est une satire continue, subtile, mordante parfois, des Lacédémoniens et de leurs usages. Le problème est que chez Xénophon la satire est déguisée, en partie dissimulée, comme l'a admirablement démontré Leo Strauss (3), ce qui doit rendre prudent à son tour le lecteur de Platon.

Que disait ce dernier de la jeunesse ? Comme toujours dans l'interprétation des dialogues platoniciens, il faut être attentif à qui parle, nombre des interlocuteurs de Socrate étant souvent eux-mêmes fermés à toute intelligence. Par exemple dans le *Gorgias* le dénommé Calliclès, qui s'exprime longuement, prononce encore davantage de sornettes. Voici l'une de ses perles : « Je veux bien, Socrate, que la philosophie soit quelque chose d'agréable, à condition de s'y adonner avec mesure, dans sa jeunesse ; mais si on s'y attarde plus qu'il ne faut, c'est la perte des hommes ! », surtout quand on avance en âge (4). Donc on évitera absolument de croire que Platon ait pu dire pour son propre compte : « Quand je vois un homme déjà vieux qui philosophe encore et ne renonce pas à cette étude, je prétends, Socrate, qu'il mérite le fouet. (5) »

Stéphane Ratti est professeur d'histoire de l'Antiquité tardive à l'université de Bourgogne Franche-Comté. Dernier ouvrage publié : *Esprit libre* (Éditions universitaires de Dijon, 2019).
› stephane.ratti@univ-fcomte.fr

Pour l'auteur de *La République*, il n'y a naturellement pas d'âge pour philosopher, même si certaines régions de la connaissance, comme la dialectique, ne sont pas accessibles, dit-il, avant l'âge de 30 ans (6). Les interlocuteurs de Socrate dans les rues populeuses d'Athènes – Socrate n'aimait pas la campagne, et il n'y a que le *Phèdre* qui se passe hors des Longs Murs de la cité – ont tous les âges et tous philosophent, ce qui les rend véritablement jeunes, c'est-à-dire amoureux du savoir (7). Socrate lui-même, un brin fanfaron, se dit prêt à faire en courant le tour de l'Attique entière (il ne portait ordinairement point de sandales…) pour entendre les discours philosophiques dont Phèdre a le manuscrit sous le bras et lui promet la lecture. Le savoir agit comme une drogue, un *pharmacon*, et fait oublier l'âge et ses limites (8).

Il est néanmoins un âge plus propice à l'écoute philosophique, et c'est la jeunesse, par exemple celle de cet élève modèle, Lysis : « La grande attention qu'il avait à nos discours se lisait sur son visage tandis qu'il écoutait. (9) » Le modèle de l'homme jeune est précisément ce Lysis qui a donné son nom à un dialogue sur l'amitié. Il sort sans doute à peine de l'adolescence car, à la palestre, il fréquente des camarades, des enfants, qui jouent encore aux osselets mais sa maturité le pousse à les observer plutôt qu'à partager leurs jeux. Socrate le remarque dès son entrée dans les lieux et le distingue pour deux raisons : sa beauté et son air de gentleman ou, disent les traducteurs, « d'honnête homme » (10). Mais sait-on encore de nos jours ce qu'est en réalité un *kalos kagathos*, un homme « beau et bon » ? Il s'agit de l'homme d'honneur, au service de sa cité, sans héroïsme particulier, mais sachant adapter sa conduite d'homme libre aux impératifs moraux qui sont propres à lui et à son milieu. Cette adaptation de l'action aux objectifs poursuivis, le service avant tout du beau et du bon, s'appelle en grec *to prepon*, ce qu'il « convient » de faire. Toute la conduite et tous les discours de Socrate visent à incarner le *kalos kagathos*.

Et pourquoi Lysis est-il d'emblée présenté comme tel ? Parce qu'il est beau et dans la pensée platonicienne le beau incarne le vrai, en est comme une idée, une vision idéale. De même la contemplation du beau pousse à philosopher car le spectateur est ainsi conduit vers l'absolu, ce qui est absolument transcendant et que les successeurs de

Platon sous l'Empire romain, les néoplatoniciens émules de Porphyre, appelleront l'Un-Bien souverain, *to hen*. Ainsi Lysis porte sans le savoir vraiment lui-même un amour inconditionnel à la philosophie et son âge n'y fait rien au fond. Ses parents ne peuvent lui interdire l'apprentissage de la lecture au prétexte qu'il est trop jeune, ils seraient là, s'ils le faisaient, de bien curieux « maîtres et gouverneurs » (11), des parents despotes à la manière spartiate.

Démocratie et anarchie

Lorsqu'en 367 Platon est rappelé en Sicile par Dion de Syracuse afin de conseiller le probable futur souverain de l'île, le fils de Denys, le tyran qui vient de décéder, il accepte, non sans avoir réfléchi et médité son échec antérieur de vingt années, lors de son premier séjour en Sicile. On a le témoignage fidèle, à la première personne, des réflexions que Platon se fit alors à lui-même dans la fameuse Lettre VII dont l'authenticité semble aujourd'hui acceptée. Parmi les arguments mis en avant par Dion, Platon signale comme le plus important la jeunesse de Denys II, le postulant au trône : « Il m'énumérait ses possessions en Sicile et en Italie, le pouvoir qu'il y exerçait sur elles, la jeunesse de Denys et la passion si forte qu'il avait pour la philosophie et la culture. (12) » Pour apprécier au mieux la permanence de l'héritage à travers les siècles de l'enseignement platonicien et comprendre au mieux la force de ce lien entre ces quatre états : la jeunesse, la beauté, la philosophie, la perfection morale, qui, s'ils sont réunis, prédisposent aux plus hautes destinées, on citera un passage de la biographie de l'empereur idéal aux yeux des Romains, Alexandre Sévère, qui régna de 222 à 235 : « Il avait un corps qui, sans compter le charme et la beauté virile qu'on lui voit encore de nos jours sur les tableaux et les statues, respirait la puissance d'une stature de militaire et la santé d'un homme qui connaît sa force physique et régulièrement l'entretient. Il se montrait en outre aimable envers tous et si les uns l'appelaient pieux, tous en tout cas le disaient saint et indispensable à l'État. (13) » Ce prince avait 26 ans à sa mort et incarnait la perfection physique et morale aux yeux de son biographe dans l'*Histoire Auguste*, un sénateur païen de la fin du IVe siècle qui était un adepte éclairé du néoplatonisme (14). De son côté, l'hagiographie chrétienne – par exemple Ambroise de Milan, lui aussi nourri de néoplatonisme, dans son récit de la découverte des corps des saints Gervais et Protais – fera de même des martyrs, quand on narrait l'« invention » de leurs dépouilles, des figures la plupart du temps demeurées juvéniles, intactes, belles, bref idéalement miraculeuses.

Comment dès lors comprendre une page si célèbre de Platon qu'elle encombre les réseaux sociaux de ses mésinterprétations répétées sans effort pour comprendre ? Au livre VIII de *La République* on lit en effet une description de l'anarchie qui règne dans une démocratie dégénérée, un tableau outré qui est trop souvent pris comme une évidente diatribe contre le jeunisme :

> « Le père s'habitue à traiter son fils comme un égal et à craindre ses enfants, le fils s'égale à son père, n'a plus honte de rien et ne craint plus ses parents, une façon d'affirmer sa liberté ; le métèque se prend pour l'égal du citoyen et le citoyen devient l'égal du métèque, et c'est pareil pour l'étranger. C'est ainsi que les choses évoluent, dit-il. À cela, dis-je, s'ajoutent encore de petites choses de cette nature : le professeur, dans un régime de cette nature, craint ses élèves et les flatte, tandis que les élèves se moquent de leurs professeurs, de même que de tous les enseignants ; et, plus généralement, les jeunes se comparent aux anciens et rivalisent avec eux en paroles et en actes ; les anciens de leur côté, pour marquer leur approbation aux jeunes, badinent et plaisantent, imitant les jeunes pour ne pas se montrer désagréables ou despotiques. (15) »

Disons-le tout net : il n'y a en cette page aucune condamnation unilatérale de la jeunesse ni mise en cause de la subversion de la démocratie en tyrannie dont elle se rendrait coupable en favorisant les désordres de toute espèce. Platon cherche à analyser les causes qui, dans l'évolution des régimes politiques, conduisent de l'oligarchie à la démocratie et de cette dernière à la tyrannie. Il ne fait guère de doute que Socrate, qui aimait à rappeler le précepte delphique invitant à conserver de la mesure en toutes choses (16), ne chérissait en rien les excès. Soit, « un excès de liberté ne peut donc, semble-t-il, aboutir à autre chose qu'à un excès de servitude, et dans l'individu et dans la cité » (17). Mais cette idée d'une excessive simplicité ne reflète pas la pensée politique profonde de Platon, elle n'est que l'écho, en réalité, de l'opinion commune des Athéniens. Et Platon adore subvertir la *doxa*, quelle qu'elle soit, celle que colportent les bourreaux de Socrate en particulier.

On ne doit jamais oublier que Platon chérissait le théâtre et écrivait des dialogues d'essence théâtrale. Si l'on en croit une encyclopédie byzantine tardive, la *Souda*, le philosophe s'endormait chaque soir en lisant les mimes ou les pièces du dramaturge Sophron (18). Or c'est tout bonnement à une scène de comédie que nous assistons dans ce passage du livre VIII de *La République*, avec sa vie propre, ses exagérations comiques (les animaux en liberté dans toutes les rues de la cité! (19)) et son rythme aristophanesque. On dirait que Platon caricature avant l'heure celui qui fera de lui dans *Les Nuées* un portrait peu académique mais en partie vrai. Le comique de la scène ressortit au genre de ce que les Romains appelleront les Saturnales et dont les Grecs avaient sans doute inventé une première forme (20), par exemple à l'occasion des fêtes appelées Kronia au cours desquelles, dans une sorte de carnaval, maîtres et esclaves se mêlaient, où les rôles sociaux de chacun étaient inversés ou bafoués dans une négation absolue du politique puisque la Boulê suspendait ce jour-là ses délibérations (21).

Platon joue de l'opinion commune afin de subvertir par le rire le cliché sur l'ordre spartiate dont Athènes serait une image inversée et condamnable. L'écho avec un passage de *La Constitution des Lacédémoniens* de Xénophon est sans appel : « À Sparte, au contraire, Lycurgue, en les mêlant, a mis les jeunes en mesure de profiter de l'expérience des vieillards. C'est, en effet, un usage national de raconter, aux repas publics, ce qui s'est fait de beau dans la cité ; et l'on n'y voit jamais d'insolence, jamais d'ivresse, jamais de propos ni d'actions indécentes. (22) » Sparte représentait pour tous, du temps de Platon, l'ordre et l'esprit politique, mais on savait que là-bas on méprisait la philosophie : on ferait donc rire les Athéniens, tout en flattant leur orgueil, en présentant leur cité comme le lieu par excellence de la subversion philosophique. Il n'est pas sûr que les juges de l'Héliée qui condamneront Socrate à mort comme fauteur de troubles aient apprécié. On ne sait rien de leur sens de l'humour. En revanche, dans cette page de *La République* réputée si sérieuse, Platon égale les plus grandes scènes de la comédie classique, en insolence comme en force théâtrale.

Mais se moquer de l'envie des Athéniens et de leur rancune vis-à-vis de Sparte, de leur défiance envers la démocratie, n'empêchait nullement Platon de savourer la liberté d'esprit dont la jeunesse philosophique savait faire preuve pour sa plus grande joie et d'écrire avec jubilation une satire des plus spartiates parmi ses contemporains.

1. Platon, *La République*, livre VIII, 544 c ; « Lettre VII », 324 c.
2. Justin, *Abrégé des Histoires philippiques*, III, III, 9. Je suis responsable de toutes les traductions dans cet article.
3. Leo Strauss, « L'esprit de Sparte et le goût de Xénophon » (1939) in *Le Discours socratique de Xénophon*, suivi de *Le Socrate de Xénophon*, Éditions de l'Éclat, 1992, p. 211-242.
4. Platon, *Gorgias*, 484 c.
5. Platon, *Gorgias*, 485 c.
6. Platon, *La République*, livre VII, 537 d.
7. Dans *Phèdre*, 230 d, Socrate affirme : « J'aime à apprendre, vois-tu. Or, les champs et les arbres ne consentent à rien m'enseigner, tandis que c'est ce que font les hommes qui sont en ville. »
8. Platon, *Phèdre*, 230 d.
9. Platon, *Lysis*, 214 b.
10. *Idem*, 206 e.
11. *Idem*, 208 c-209 b.
12. Platon, *Lettre VII*, 327 e-328 a ; pour cet épisode de la vie de Platon, voir Lucien Jerphagnon, *Connais-toi toi-même... et fais ce que tu aimes*, Albin Michel, 2012, p. 48-49.
13. *Histoire Auguste*, « Vie d'Alexandre Sévère », VI, 4-5.
14. Stéphane Ratti, *Polémiques entre païens et chrétiens*, Les Belles Lettres, 2012, p. 129-148.
15. Platon, *La République*, livre VIII, 563 a-b.
16. Platon, *Ménexène*, 247 e.
17. Platon, *La République*, livre VIII, 564 a.
18. *Souda, sub verbo Sôphrôn* (ordre d'Adler, 893).
19. Platon, *La République*, livre VIII, 563 c : « Les animaux mêmes qui sont au service des hommes sont ici plus libres que partout ailleurs *[...]*. Les chevaux et les ânes sont habitués à aller tout librement et fièrement, et ils bousculent sur leur chemin quiconque ne les laisse pas passer. »
20. On lit chez Athénée de Naucratis (*Le Banquet des savants*, livre XIV, dirigé par Sylvie Rougier-Blanc et Jean-Claude Carrière, tome I, Éditions Ausonius, 2018, p. 121) que les Saturnales reprennent une tradition grecque, attestée par exemple en Crète lors de la fête des Herméennes ou encore à Trézène.
21. Démosthène, *Contre Timocrate*, 26.
22. Xénophon, *La Constitution des Lacédémoniens*, V, 5-6.

JEANNE D'ARC, UN ARCHÉTYPE DE LA JEUNESSE ENGAGÉE

› **Jean Maurice**

Le film *Jeanne* sorti il y a quelques mois a suscité admiration et surprise, car son réalisateur, Bruno Dumont, qui se fonde sur le drame *Jeanne d'Arc*, rédigé dans sa première version en 1897 par un Péguy encore à ses débuts, fait jouer l'héroïne par Lise Leplat-Prudhomme, âgée d'une dizaine d'années : spectaculaire rupture avec une tradition cinématographique bien établie, où la Pucelle est incarnée par des actrices adultes, parfois presque quarantenaires. Peut-être Dumont est-il amené à ce choix par l'ambiguïté du drame qui hésite, d'après Péguy lui-même, entre la « grande histoire » et l'« histoire d'une vie intérieure ». Mais du même coup il s'écarte de la vérité des faits, puisque Jeanne d'Arc, au moment de ses succès, n'est plus vraiment une enfant. Si, lors de son procès en condamnation, elle déclare avoir entendu des voix dès l'âge de 13 ans, son épopée ne commence que fin février 1429, lors de sa première entrevue avec le Dauphin. Probablement née au début de 1412, elle a donc alors déjà 17 ans, et en aura 19 lorsqu'elle sera suppliciée.

Cependant, en la faisant, selon sa propre expression, « sonner de manière actuelle » (1), et en captant l'air du temps qui, notamment, fait de Greta Thunberg une icône de l'écologie, Dumont, s'il s'éloigne d'une narration strictement historique, met en lumière sous un angle esthétique un trait objectivement constitutif du mythe johannique.

Jeanne d'Arc, héroïne essentiellement juvénile

La jeunesse de celle qu'à Domrémy on appelait « Jeannette » (titre du précédent film de Dumont) est d'abord un handicap. Lorsqu'elle se présente pour la première fois à Robert de Baudricourt, commandant la forteresse de Vaucouleurs, restée fidèle au futur Charles VII, elle essuie une rebuffade. De condition modeste et, surtout, trop jeune, elle n'a aucune légitimité à proposer son aide pour sauver la France : le capitaine la renvoie en conseillant à son père de lui donner une paire de claques. Mais, bientôt, vaincu par l'insistance de Jeanne, Baudricourt lui procure une lettre d'introduction auprès du Dauphin. Alors, les choses s'inversent et la jeunesse de Jeanne devient un atout.

Jean Maurice est professeur émérit
de littérature médiévale à l'universi
de Rouen. Il a notamment édité
La Chanson de Roland (PUF, 1992),
Tristan et Yseut (Gallimard, 2000)
et *Perceval ou le Conte du Graal. Chrétien de Troyes* (Bordas, 2004).
est membre du comité scientifique
l'Historial Jeanne d'Arc de Rouen.

En effet, cette jeunesse, en partie fantasmée, en tout cas exagérée, est pour ses premiers admirateurs un moyen privilégié d'héroïser Jeanne. En témoigne à lui seul le qualificatif « pucelle » qui, de son vivant, la désigne couramment. « Pucelle » (*puella* dans les textes latins) renvoie alors principalement, sans connotation péjorative, à l'âge tendre de l'héroïne. Cette dénomination, promise à une belle postérité, est d'emblée si fréquemment répétée que, précédée d'un article de notoriété, elle devient même officielle lors du procès de réhabilitation : « Jeanne d'Arc, dite vulgairement *[en français, par opposition au latin]* la Pucelle. (2) »

Ses contemporains considèrent immédiatement sa jeunesse comme une caractéristique essentielle du personnage. On en trouve un indice sûr dans le *Ditié de Jehanne d'Arc* de Christine de Pizan, grande poétesse féministe sortie pour l'écrire d'une retraite de « XI ans en abbaye close » (3), en écho au retentissement exceptionnel de « l'événement » Jeanne d'Arc. Appuyée sur une légende naissante que dialectiquement elle renforce, Christine de Pizan revient régulièrement sur la juvénilité de cette « vierge tendre » (4) (première mention de Jeanne dans le poème). Reflétant sans doute une perception largement répandue à son époque, elle rajeunit son héroïne et la nomme « fillete de XVI ans » (5) (l'âge de Greta Thunberg !) et « pucellette » (6), diminutifs en eux-mêmes révélateurs : le personnage magnifié par le *Ditié* est une jouvencelle.

Lors de son procès, la jeunesse de Jeanne est d'ailleurs un atout paradoxal. En effet, l'ingénuité avec laquelle elle répond aux questions de juges retors attachés à sa perte lui permet d'éviter la plupart des pièges qui lui sont tendus. Interrogée sur des questions complexes ou délicates (la grâce, l'obéissance au pape et à l'Église, les apparitions, etc.) par des universitaires rompus à toutes les habiletés rhétoriques, elle les déroute par une spontanéité qui est sa meilleure défense. Son innocence juvénile et sa sincérité naïve d'illettrée sont une des bases de sa résistance opiniâtre, qui mène un procès théologique et politique dans une impasse, avant que d'intenses pressions psychologiques ne la poussent à la faute.

La jeunesse de Jeanne entre donc en tension avec la redoutable efficacité dont elle fait preuve dans la fermeté de son expression comme dans l'accomplissement de sa mission. Et c'est principalement cette contradiction qui, surmontée, est au cœur du mythe johannique.

Jeanne prophétesse

L'écart entre la jouvencelle et la combattante (qui néanmoins, bien qu'on l'appelle parfois « principal chevetaine » (7) et qu'elle se prétende elle-même « chef de guerre » dans sa fameuse « lettre aux Anglais » du 22 mars 1429, n'exerce jamais de véritable commandement) suscite forcément un grand étonnement, étymologiquement un *miraculum*. De fait, pour ses partisans, c'est au sens religieux du terme que la réussite de Jeanne tient du miracle. Le *Ditié* en fait une évidence « exhibée dans une actualité brûlante » (8). Il y consacre toute sa neuvième strophe, et y revient dans la vingt-neuvième : « Mais donc miracle si appert *[évident]* / *[Dieu]* ne fist *[...]* / Com pour ceste *[pucelle]* fait, il appert. » Christine, pour lever toute ambiguïté, répète que « par miracle fut envoiée » (9) « la pucelle *[...]* qui ensuit Dieu » (10). Dans les trois premières occurrences qui la convoquent, « c'est, de manière significative, comme complément d'agent que Jeanne est introduite dans le processus de restauration du royaume : Dieu "par une vierge tendre" a voulu étendre sa grâce sur la France (v. 87-89) ; Charles voit sa gloire rehaussée "par la Pucelle" (v. 101-102) ; il a recouvré son royaume "par la Pucelle sensible" (v. 110-111) » (11). Et elle-même lie explicitement son état de jeune fille et sa mission divine en se présentant dans sa « lettre aux Anglais » comme « la Pucelle qui est ici envoyée de par Dieu », ce qu'elle reprend lors de son procès : ses voix « l'ont plusieurs fois appelée Jeanne la Pucelle, fille de Dieu » (12).

La distorsion entre jeunesse et efficacité est en effet dépassée par l'intervention de la Providence. Ce qu'on peut attribuer à un charisme exceptionnel et à des circonstances politiques favorables est interprété à travers le prisme du providentialisme, car en ces temps de misère morale, de revers militaires et d'impasse politique dans un royaume faisant peau de chagrin, on se réfugie dans l'irrationnel plus encore que de coutume.

Dès lors que Jeanne est l'agent de Dieu, qui l'utilise pour accomplir ses volontés, on peut prétendre que, dans ses paroles, elle est son interprète : la voilà devenue prophétesse.

Le contexte de son époque s'y prête. D'une part, on soutient que diverses prédictions (y compris celles de Merlin !) ont annoncé sa venue. Dès le début de l'aventure, Baudricourt se laisse même peut-être fléchir sous l'influence diffuse d'une prophétie prétendant que le royaume, perdu par une femme (facilement identifiée à Isabeau de Bavière), sera sauvé par une vierge. Jeanne a peut-être connu cette rumeur qui court en Lorraine. Plusieurs prédictions similaires remportant un certain succès dans le royaume, une efficace propagande menée par l'entourage du Dauphin en tire argument pour asseoir sa légitimité : comme celle du Messie, sa venue était annoncée. D'autre part, dans le même mouvement, on l'élève elle-même au rang de prophétesse qui prédit l'avenir dans des propos porteurs de vérités inconnues au commun des mortels : par exemple, la délivrance d'Orléans et le sacre de Charles VII. Ses adversaires (et notamment les juges de son premier procès, qui, selon les préceptes de l'Église, tiennent les « devineresses » en suspicion) ont beau montrer que toutes ses prédictions n'ont pas été justes, pour l'opinion publique, sa parole est inspirée.

Jeanne icône moderne

Ce personnage complexe est d'emblée l'objet de toutes les récupérations. À chaque génération sa Jeanne d'Arc, chez les historiens, les écrivains et les hommes d'État. Rares sont les événements de l'histoire de France, dans le domaine culturel et politique, qui n'influent pas sur ses représentations successives.

Elle fait aussi partie du patrimoine universel : en Europe, mais aussi au Japon, au Brésil, aux États-Unis, on célèbre l'étonnante conjonction de sa juvénilité et de sa hardiesse inflexible. Elle est même un étendard de la jeunesse féministe en Grande-Bretagne (13). Son image est tellement vivante et prégnante qu'elle est volontiers projetée sur des jeunes filles prophétisant un avenir parfois inquiétant. Plusieurs politologues et essayistes ont ainsi fait de Greta Thunberg une « Jeanne d'Arc de l'écologie ». Raccourci sans doute historiquement et idéologiquement contestable, mais qui fait de Jeanne un archétype de la jeunesse engagée.

1. Interview de Bruno Dumont donnée à France 24 le 11 novembre 2019.
2. Philippe Contamine, *Jeanne d'Arc. Histoire et dictionnaire*, Robert Laffont, coll. « Bouquins », 2012, p. 942.
3. Christine de Pizan, *Ditié de Jehanne d'Arc*, édité par Angus J. Kennedy et Keneth Varty, Society for the Study of Mediaeval Languages Literature, 1977, v. 2.
4. *Idem*, v. 86.
5. *Idem*, v. 273.
6. *Idem*, strophe L.
7. *Idem*, v. 286.
8. Jean Maurice, « La naissance d'une légende : la "présence sensible" de la Pucelle dans le *Ditié de Jeanne d'Arc* » *in* Jean Maurice et Daniel Couty (dir.), *Images de Jeanne d'Arc. Actes du colloque de Rouen, 25-26-27 mai 1999*, Presses universitaires de France, 2000, p. 85.
9. Christine de Pizan, *Ditié de Jehanne d'Arc*, *op. cit.*, vers d'ouverture de la 29e strophe, montrant que le miracle est « chose prouvée ».
10. *Idem*, v. 467-468.
11. Michèle Guéret-Laferté, « Jeanne la preuse, Jeanne la sainte : la "pucelle" dans le *Ditié de Jeanne d'Arc* » *in* François Neveux, *De l'hérétique à la sainte. Les procès de Jeanne d'Arc revisités*, Presses universitaires de Caen, 2012.
12. Voir Philippe Contamine, *Jeanne d'Arc, Histoire et dictionnaire*, *op. cit.*, p. 119 et p. 941.
13. Voir Marina Warner, *Joan of Arc: The Image of Female Heroism*, Knopf, 1981.

ROUSSEAU ET LE NOUVEL ÂGE DE L'ENFANCE

› **Christophe Martin**

« Quand on a vécu avant l'apparition de l'*Émile*, on ne peut plus de nos jours voir un enfant se jouer au milieu de nous sans se dire : c'est Rousseau qui lui a restitué la liberté, les grâces, la joie naïve du premier âge ; c'est lui qui l'a désentravé des ridicules liens qui le garrottaient. (1) » Quelques années après la mort de Jean-Jacques Rousseau, Louis-Sébastien Mercier marquait ainsi de la manière la plus nette à quel point le philosophe genevois avait inauguré une ère nouvelle, qu'on peut désigner comme un nouvel âge de l'enfance. Bien sûr, en tant que réalité de la vie humaine, et même en tant que représentation culturelle et « thème » littéraire, l'enfance a toujours existé. On se gardera aussi d'accentuer le trait en n'attribuant à l'âge classique qu'une représentation archaïque, héritée des Pères de l'Église, faisant de l'enfant la proie élective du mal et de l'ignorance. Jean-Pierre van Elslande vient, dans un bel essai, de souligner que nombre d'auteurs

Christophe Martin est professeur à la Sorbonne. Il est notamment l'auteur d'*« Éducations négatives ». Fictions d'expérimentation pédagogique au XVIIIe siècle* (Garnier, 2012) et de *L'Esprit des Lumières. Littérature, histoire, philosophie* (Armand Colin, 2017).
› christophe.martin@sorbonne-universite.fr

des XVIe et XVIIe siècles (Rabelais, Montaigne, Molière, Perrault, La Fontaine...) ont rompu avec cette conception fixiste en discernant dans les enfants les « agents de multiples transformations qui affectent le cours des événements, petits et grands, les acteurs d'une histoire en marche, engageant aussi bien des bouleversements collectifs qu'individuels » (2). Dès la fin du XVIIe siècle, le discours moraliste, les fables et les contes reconnaissent ainsi la pertinence du regard que les enfants portent sur le monde. Et bien avant l'*Émile*, les *Pensées sur l'éducation* de John Locke (1693) ont montré à quel point la révolution empiriste – que Locke a lui-même inspirée avec son *Essai sur l'entendement humain* en 1689 et qui marque de son empreinte tout le siècle des Lumières – impliquait une tout autre conception de l'enfance: l'identité du sujet n'étant plus fondée sur des qualités liées à la naissance ou à des caractéristiques innées, mais étant conçue comme le résultat d'un processus auquel contribuent toutes les expériences de l'individu, l'enfant, germe de l'adulte, mérite désormais une attention particulière. C'est bien avec Rousseau néanmoins que s'accomplit la révolution du regard sur l'enfance, que l'on peut tenter d'appréhender sous trois aspects.

L'âge de l'innocence

Rousseau a d'abord joué un rôle majeur dans l'avènement d'une représentation de l'enfance perçue non plus comme le temps où le péché originel pèse de tout son poids mais comme un moment privilégié d'innocence, témoignant d'une nature foncièrement bonne et rendant l'enfant aimable par son être même. Un rapprochement entre les *Confessions* de Rousseau et celles de saint Augustin permet de mesurer l'ampleur de cette rupture. On retrouve, en effet, dans les deux œuvres quelques grandes figures communes: l'expérience du vol (poire ou pomme), la découverte précoce de la sexualité, la révolte contre les familiers et les maîtres. Or, chez Augustin, ces épisodes essentiels étaient autant de signes non seulement de notre condition mortelle et concupiscente, mais d'un péché contracté dès la naissance et qui, sans la grâce de

Dieu, nous voue à une éternelle condamnation. Rousseau rejette radicalement cette approche. Selon la thèse centrale énoncée dans l'*Émile*, « il n'y a point de perversité originelle dans le cœur humain. Il ne s'y trouve pas un seul vice dont on ne puisse dire comment et par où il y est entré » (3). Les premiers mouvements de la nature étant toujours droits et bons, les fautes commises par l'enfant des *Confessions* ne sauraient donc être que les indices d'un processus de corruption d'une innocence originelle au contact d'une société dénaturée.

En dépit d'un contresens fréquent, la thèse fameuse de la bonté naturelle chez Rousseau ne suppose aucune bonté morale en l'enfant (ses seules dispositions naturelles sont l'amour de soi et la pitié), mais seulement l'absence du péché originel. Elle impose en revanche le devoir d'« aimer l'enfance » et de protéger ce moment fragile et fugitif : « Aimez l'enfance ; favorisez ses jeux, ses plaisirs, son aimable instinct. Qui de vous n'a pas regretté quelquefois cet âge où le rire est toujours sur les lèvres, et où l'âme est toujours en paix ? Pourquoi voulez-vous ôter à ces petits innocents la jouissance d'un temps si court qui leur échappe, et d'un bien si précieux dont ils ne sauraient abuser ? (4) » Il s'agit donc beaucoup moins d'un « sacre de l'enfant », comme le voulait Michel Tournier (5), que d'un sacre de l'enfance : rien ne serait plus pernicieux et propre à inoculer le vice de l'amour-propre que de placer l'enfant sur un piédestal en s'émerveillant de ses moindres faits et gestes, de ses bons mots ou de ses traits d'esprit supposés. Il importe en revanche de « respecter l'enfance », de ne point se hâter de la juger « soit en bien, soit en mal », autrement dit d'opérer un véritable renversement des valeurs en plaçant l'enfant au centre d'un processus pédagogique qui, paradoxalement, ne vise qu'à suivre la « marche de la nature ».

Telle est la double exigence à laquelle répond le principe de l'éducation négative, doctrine fondamentale de l'*Émile* qui « consiste, non point à enseigner la vertu ni la vérité, mais à garantir le cœur du vice et l'esprit de l'erreur » (6). D'une part une exigence protectrice : il faut préserver le « procédé de la nature » et veiller à ne surtout pas le troubler ; d'autre part, et de manière quasi indissociable, une exigence dilatoire ; il faut ne pas agir prématurément, se garder de toute intervention proprement intempestive : « Laissez longtemps agir la nature, avant de vous mêler d'agir à sa place, de peur de contrarier ses opérations. (7) » Au lieu de vouloir corriger la nature, l'éducation négative revendique un parfait effacement du pédagogue devant la volonté de la nature. S'abstenant de rien commander ou interdire à l'enfant, l'action du gouverneur se borne à réunir les conditions pour que la nature puisse se déployer librement, selon son ordre et à son rythme, et créer les occasions qui amèneront l'enfant, qui n'est au fond que l'élève de la nature, à découvrir par lui-même les lois de la nécessité naturelle qui, en lui et en dehors de lui, le déterminent.

Préserver la marche de la nature, c'est donc protéger Émile des hasards funestes et des expériences traumatiques qui ont marqué l'enfance de Rousseau lui-même, et que relatent les premiers livres des *Confessions*. Le changement de perspective opéré par Rousseau fait ainsi de l'enfant un sujet critique qui révèle par contraste l'ampleur de la corruption dans la société dénaturée. En témoigne exemplairement l'épisode fameux du peigne cassé. Mis en pension à Bossey chez le ministre Lambercier, Jean-Jacques vit alors dans un monde de bonheur et d'innocence, seulement troublé par les premiers émois érotiques que lui procurent les fessées de Mlle Lambercier, la sœur de son tuteur. Mais un jour, l'enfant est sévèrement puni pour une faute qu'il n'a pas commise : avoir cassé un des peignes de la jeune femme. Ce châtiment injuste met un terme à la « sérénité de sa vie enfantine » (8). L'épisode révèle la violence et l'injustice qui règnent dans le monde des adultes, mais aussi la perte de toute transparence entre les êtres et la dissociation tragique, au sein de la société corrompue, entre l'apparence de la faute et la réalité d'une innocence qui ne peut être prouvée. Tout entier placé sous le signe de la rupture, l'épisode de la brisure du peigne révèle une fracture infiniment plus essentielle : celle de l'être (innocent) et du paraître (coupable).

De cette épreuve ô combien cruelle, Jean-Jacques sort « en pièces, mais triomphant ». Non seulement, l'identité de l'enfant s'est en réalité forgée dans une résistance héroïque à l'oppression, mais la véhémence de Rousseau proclamant, cinquante ans plus tard, son innocence « à la face du Ciel » témoigne d'une continuité profonde : le sentiment de l'injustice s'est prolongé à travers les années pour imposer la certitude d'une innocence fondamentale de l'individu Rousseau. Ce que laissent entendre les *Confessions*, c'est la persistance, en l'écrivain, de la voix de l'enfant. Si l'autobiographie de Rousseau constitue un jalon essentiel dans l'avènement d'un nouveau regard porté sur l'enfant, c'est que l'enfance y apparaît comme l'âge de toutes les expériences fondatrices, comme le processus original et originaire de la formation du sujet, l'enfant pouvant en somme, dans une perspective généalogique, être regardé comme le « père » de l'adulte.

L'âge d'une vérité perdue

Avec Rousseau s'accomplit donc un renversement de perspective : le regard de l'enfant semble désormais porteur d'un savoir dont l'adulte a en somme été dessaisi. Il apparaît comme un fragment de nature qu'il importe de protéger le plus longtemps possible parce qu'il permet d'accéder à un savoir nouveau : « modèle de l'origine, l'enfant peut faire alors office de miroir révélant où l'adulte est invité à reconnaître sa propre image idéalisée, débarrassée des préjugés qui la défigurent. Ce qui veut dire que, si l'enfant a à apprendre de l'adulte, l'adulte a plus encore à apprendre sur lui-même de l'enfant, qui détient, sans le savoir, la vérité perdue de l'adulte » (9). On ne peut qu'être frappé, à cet égard, par l'étroite parenté de la formulation initiale du projet de l'*Émile* et de celui des *Confessions*. Dans un paragraphe biffé du manuscrit Favre (première version de l'*Émile*), on lit en effet : « Si l'homme a été constitué par son auteur tel qu'il devait être, ce qu'il tient de la nature vaut mieux que ce qu'il tient de ses semblables. (10) » Quant au projet des *Confessions*, il est énoncé en ces termes dans le préambule de Neuchâtel : « Pour bien connaître un caractère il y faudrait distinguer l'acquis d'avec la nature, voir comment il s'est formé, quelles occasions l'ont développé, quel enchaînement d'affections secrètes l'a rendu tel, et comment il se modifie. (11) » La fiction pédagogique et le récit autobiographique partagent donc une même ambition anthropologique, fondée sur une perspective généalogique accordant à l'enfance un rôle central. Rousseau le souligne dans *Les*

Rêveries : « Si j'ai fait quelque progrès dans la connaissance du cœur humain, c'est le plaisir que j'avais à voir et observer les enfants qui m'a valu cette connaissance. » Car c'est en observant les enfants que l'on peut acquérir « des lumières sur les premiers et vrais mouvements de la nature auxquels tous nos savants ne connaissent rien » (12).

Chez Rousseau, le projet pédagogique est donc indissociable d'un questionnement anthropologique. Il ne s'agit pas seulement d'élever un enfant mais d'accéder grâce à lui (et non pas à travers lui, comme n'importe quel insecte observé par un naturaliste) aux secrets les mieux dissimulés de la nature. Cette conjonction est si essentielle chez Rousseau qu'elle s'énonce dès *La Nouvelle Héloïse*. Mme de Wolmar ne fait en effet aucun mystère d'écouter ses enfants avec la plus grande attention sans qu'ils s'en doutent, et de tenir un « registre exact » de leurs moindres faits et gestes. Il ne s'agit pas pour elle de se créer un aimable magasin de souvenirs. Julie explique qu'elle s'est forgée une méthode éducative se rapportant « exactement aux deux objets qu'elle s'était proposés, savoir, de laisser développer le naturel des enfants et de l'étudier » (13). La formule éclaire remarquablement le double projet de l'*Émile* : pédagogique et anthropologique. Nul doute n'est permis sur la nature exacte de l'étude que se propose Julie. Clarens est bien, à sa manière, un laboratoire de l'origine : « c'est ainsi que le caractère *[originel de nos enfants]* se développe journellement à nos yeux sans réserve, et que nous pouvons étudier les mouvements de la nature jusque dans leurs principes les plus secrets (14) ».

L'âge des possibles

Si cette visée pédagogique et anthropologique conduit Rousseau à sanctuariser l'enfance, il ne s'agit pas pour autant de faire rétrograder l'enfant jusqu'à l'état de nature : « il y a bien de la différence entre l'homme naturel vivant dans l'état de nature, et l'homme naturel vivant dans l'état de société » (15). Même si bien des lecteurs s'y sont trompés, il ne s'agit pas de maintenir l'enfant à l'écart de la société pour en faire un être fondamentalement étranger à toute vie sociale.

L'entrée d'Émile dans la société n'est pas seulement un événement qui intervient aux livres IV et V d'*Émile* : c'est un horizon qui détermine entièrement l'éducation de l'enfant, lequel « n'est pas un sauvage à reléguer dans les déserts » mais « un sauvage fait pour habiter les villes » (16). La formule oxymorique exprime tout le paradoxe d'un enfant éduqué selon des principes naturels mais destiné à vivre en société. On ne discernera donc aucun renoncement politique dans le projet pédagogique de Rousseau : le projet d'*Émile* est de faire à la fois un homme et un citoyen, autrement dit de former un homme non corrompu mais apte à vivre dans une société qui l'est radicalement.

Telle est bien la dynamique prospective de l'*Émile* qui le voue à former un projet à la fois pédagogique et politique que nombre de ses lecteurs ne pourront que désigner comme parfaitement chimérique. Ceux qui « s'obstinent à n'imaginer possible que ce qu'ils voient » ne pourront, en effet, que prendre Émile « pour un être imaginaire et fantastique, parce qu'il diffère de ceux auxquels ils le comparent ». Or ce qu'invente Rousseau dans l'*Émile*, « ce n'est pas l'homme de l'homme, c'est l'homme de la nature. Assurément il doit être fort étranger à leurs yeux » (17). En dénouant provisoirement le lien social qui unit Émile au reste de la société, le gouverneur se met en situation de pouvoir supprimer les propriétés qui sont celles de la « nature » actuelle des autres enfants, pour créer des possibilités qui, certes, dépassent l'observé mais ne font que suivre l'ordre raisonné de la nature en l'homme. Émile est le laboratoire de l'homme nouveau.

C'est bien de cette aptitude à incarner toutes les promesses du devenir que procède, selon Rousseau, le charme spécifique de l'enfance. De même que le spectacle du printemps est plus agréable que celui de l'automne en ce qu'il incite l'imagination à « joindre celui des saisons qui doivent suivre », de même le charme qu'on trouve à contempler une belle enfance « préférablement à la perfection de l'âge mûr » est-il lié à ces promesses que l'enfant porte en lui : « je le contemple enfant, et il me plaît ; je l'imagine homme, et il me plaît davantage ; son sang ardent semble réchauffer le mien ; je crois vivre de sa vie, et sa vivacité me rajeunit » (18).

1. Louis-Sébastien Mercier, *De Jean-Jacques Rousseau considéré comme l'un des premiers auteurs de la Révolution*, tome I, Buisson, 1791, p. 13.
2. Jean-Pierre van Elslande, *L'Âge des enfants (XVIe-XVIIe siècles)*, Droz, 2019, p. 8.
3. Jean-Jacques Rousseau, *Émile ou De l'éducation* (1762), livre II, in *Œuvres complètes*, tome IV, Gallimard, coll. « Bibliothèque de la Pléiade », 1969, p. 322.
4. *Idem*, p. 302.
5. Michel Tournier, « Le sacre de l'enfant », *Le Monde*, 7 avril 1978.
6. Jean-Jacques Rousseau, *Émile ou De l'éducation*, *op. cit.*, p. 323.
7. *Idem*, p. 343.
8. Jean-Jacques Rousseau, *Les Confessions*, in *Œuvres complètes*, tome I, Gallimard, coll. « Bibliothèque de la Pléiade », 1959, p. 20.
9. Alain Grosrichard, « Le prince saisi par la philosophie », *Ornicar*, n° 26-27, 1983, p. 139.
10. Jean-Jacques Rousseau, « Manuscrit Favre » in *Œuvres complètes*, tome IV, *op. cit.*, p. 1269 (note a de la p. 59).
11. Jean-Jacques Rousseau, « Ébauches des *Confessions* » in *Œuvres complètes*, tome I, *op. cit.*, p. 1149.
12. Jean-Jacques Rousseau, *Les Rêveries du promeneur solitaire*, in *Œuvres complètes*, tome I, *op. cit.*, p. 1088.
13. Jean-Jacques Rousseau, *La Nouvelle Héloïse*, in *Œuvres complètes*, tome II, Gallimard, coll. « Bibliothèque de la Pléiade », 1961, p. 583.
14. *Idem*, p. 584.
15. Jean-Jacques Rousseau, *Émile ou De l'éducation*, livre III, *op. cit.*, p. 483.
16. Jean-Jacques Rousseau, *Émile ou De l'éducation*, livre II, *op. cit.*, p. 484.
17. *Idem*, p. 366.
18. *Idem*, p. 418-419.

VICTOR HUGO ET LE DROIT DE L'ENFANT

› **Jean-Marc Hovasse**

« Seigneur, Nuño n'est pas possible ; je m'explique :
L'enfantillage nuit à la chose publique ;
Mettre sur un tel front la couronne, l'effroi,
La guerre, n'est-ce pas stupide ? Un marmot roi !
Allons donc ! »

Cette paraphrase de la fameuse sentence de l'Ecclésiaste, « Malheur au pays dont le roi est un enfant », Victor Hugo la met dans la bouche d'un casuiste et d'un lâche (les deux vont souvent de pair) dans *La Légende des siècles*, Don Ruy le Subtil. Ce dernier est en train de délibérer avec ses neuf frères, les infants d'Espagne, sur la meilleure manière d'éliminer leur neveu Nuño, le jeune roi de Galice, quand le chevalier Roland, passant par là, leur demande des comptes : « Qu'est-ce que cet enfant ? Et que faites-vous là ? » Peu convaincu par l'argumentaire de ce Don Ruy qui cache sous des raisons d'État une simple et brutale lutte de pouvoir, Roland délivre « l'enfant-roi », lui confie son cheval et couvre sa retraite en tuant tour à tour tous les infants (à l'exception du casuiste, qui s'enfuit). « Le petit roi de Galice », qui donne son nom à ce poème publié en 1859, s'arrête pour prier devant un calvaire avant d'entrer à Compostelle :

Professeur de littérature française à la Sorbonne, Jean-Marc Hovasse écrit une biographie de Victor Hugo (*Avant l'exil, 1802-1851* et *Pendant l'exil I, 1851-1864*, Fayard, 2001 et 2008), dont il prépare le troisième et dernier tome.

« "Je jure de garder ce souvenir, et d'être
Doux au faible, loyal au bon, terrible au traître,
Et juste et secourable à jamais, écolier
De ce qu'a fait pour moi ce vaillant chevalier.
Et j'en prends à témoin vos saintes auréoles."

Le cheval de Roland entendit ces paroles,
Leva la tête, et dit à l'enfant : "C'est bien, roi."

L'orphelin remonta sur le blanc palefroi,
Et rentra dans la ville au son joyeux des cloches. »

L'âge ne fait rien à l'affaire : on peut penser que Nuño, sauvé par Roland dont il se dit désormais l'élève, sera un bon roi – en tous les cas meilleur que ses dix oncles l'auraient jamais été. Il apprend vite, et n'est pas ingrat.

Que Victor Hugo soit aussi le poète de l'enfance et des enfants, c'était une évidence mieux connue autrefois qu'aujourd'hui, à une époque où l'on apprenait par cœur les poèmes des *Feuilles d'automne* (1831) :

« Ô vous, dont l'âme est épuisée,
Ô mes amis ! l'enfance aux riantes couleurs
Donne la poésie à nos vers, comme aux fleurs
L'aurore donne la rosée ! »

C'est à ces vers et à quelques autres (« Lorsque l'enfant paraît… », « Dans l'alcôve sombre… », « La Prière pour tous ») que Théodore de Banville fait allusion, quand il rappelle dans son article sur *L'Art d'être grand-père*, en 1877 : « Il est vrai qu'en art et qu'en poésie l'enfant date de lui et n'a commencé à vivre que dans ses œuvres. » Mais Banville pense alors surtout aux petits enfants, ceux qui étaient à l'honneur dans une anthologie de Victor Hugo publiée en 1858 à l'initiative de son éditeur Hetzel sous le titre « Les Enfants » : livre d'étrennes destiné aux mères de famille qui eut son heure de gloire et son édition illustrée en 1861. Hetzel y rappelait en préface quelques évidences :

> « Victor Hugo, contraste étrange, si l'on pense aux qualités robustes et parfois terribles qui distinguent son œuvre générale, Victor Hugo restera comme le plus tendre, comme le plus aimable, comme le plus véritablement sensible de nos poètes. Sur ce doux terrain de la famille, il est sans rival dans le passé aussi bien que dans le présent. »

Poète de l'enfance, mais aussi son défenseur à la tribune. En juin 1847, alors qu'il siégeait à la Chambre des pairs depuis deux ans, il avait pris des notes pour intervenir dans le débat sur la réglementation du travail des enfants. Une nouvelle loi était projetée pour modifier la première loi promulguée le 22 mars 1841, qui interdisait de faire travailler dans les manufactures, usines et ateliers les enfants de moins de 8 ans ; jusqu'à 12 ans, ils ne pouvaient être employés plus de huit heures par jour ; de 12 à 16 ans, pas plus de douze heures par jour. Les législateurs de 1847 proposaient d'élever l'âge minimum de 8 à 10 ans, mais en contrepartie de porter la durée quotidienne du travail pour tous les enfants de huit à douze heures. C'était pour Victor Hugo « un pas en arrière », si bien qu'il comptait s'opposer à toutes ces mesures – il n'eut finalement pas la possibilité de prendre la parole. « Mais il me semble que je manquerais à mon devoir si je n'élevais pas la voix », avait-il pourtant noté, avant de tracer les grandes lignes de son intervention :

> « Faites une loi qui soit une mère.
> Quand il s'agit des enfants, la loi ne doit plus être la loi ; elle doit être la mère. *[...]*
> Il y a, messieurs, de certains moyens de prépondérance et de prospérité que pour ma part je répudie.
> Je ne dis pas, à Dieu ne plaise ! qu'il faille négliger les besoins du commerce et de l'industrie. Mais je dis que tout immoler aux intérêts politiques et matériels, *[...]* sacrifier l'humanité, l'enfance, la pitié, la religion, le droit, la justice, la civilisation, à la richesse et à la puis-

sance, c'est là peut-être de la grandeur, mais c'est une grandeur carthaginoise et anglaise qui ne convient pas à la France. »

Victor Hugo multiplie les arguments, jusqu'à distinguer la loi (passagère) et le droit (éternel) : « Je dis que lors même que les Chambres mettraient ceci dans la loi, elles ne parviendraient pas à le mettre dans le droit. » Formule d'une saisissante actualité, qui enregistre contre le droit écrit la contestation du droit non écrit, ce « droit supérieur *[...]* qui proteste contre un projet de loi contraire à la justice et à l'humanité, et qui vous crie : Ne laissez pas exploiter les enfants par les hommes ! »

Ces notes ne seront pas perdues. Certains développements sont transposés dans un passage du long poème « Melancholia » des *Contemplations*, qui montre l'entrée des mineurs à l'usine (« Où vont tous ces enfants dont pas un seul ne rit ? »), et attaque ce « Travail mauvais qui prend l'âge tendre en sa serre, / Qui produit la richesse en créant la misère ». Et puis, deux ans et demi plus tard, le 15 janvier 1850, c'est Victor Hugo qui, à la tribune de l'Assemblée nationale cette fois, dans son discours dans la discussion du projet de loi sur l'enseignement, proclama « le droit de l'enfant », concept encore inexistant. Il le plaça d'entrée de jeu, en introduction à ce discours resté célèbre pour son attaque frontale contre la loi Falloux, au-dessus du « droit du père », qui était, lui, une réalité bien connue : « L'instruction primaire obligatoire, c'est le droit de l'enfant (*Mouvement*) qui, ne vous y trompez pas, est plus sacré encore que le droit du père et qui se confond avec le droit de l'État. » Victor Hugo reviendra sur cet épisode en 1875 dans « Le Droit et la Loi », préface au premier tome de ses *Actes et Paroles* : « L'homme qui esquisse en ce moment sa vie parlementaire, entendant un jour les membres de la droite exagérer le droit du père, leur jeta ce mot inattendu : *le droit de l'enfant.* » Ce nouveau droit est étroitement lié à la question de l'éducation gratuite et obligatoire, ainsi que Victor Hugo le répète à plusieurs reprises pendant l'exil : « Que la révolution prochaine », déclare-t-il par exemple le 24 février 1854 (sixième anniversaire de la IIe République), « confirme le droit de l'homme, mais qu'elle proclame le droit de la femme et qu'elle décrète le droit de l'enfant ; c'est-à-dire l'égalité pour l'une et l'éducation pour l'autre ! »

Au moment où Victor Hugo avait préparé son intervention à la Chambre des pairs sur le travail des enfants, il était en train d'écrire le roman qui deviendrait *Les Misérables*. Une note sur le manuscrit rappelle cette interruption « pour les travaux de la Chambre ». La mention de la « loi sur le travail des enfants », raturée, prend une résonance étrange quand on constate qu'elle apparaît juste avant le livre intitulé « Accomplissement de la promesse faite à la morte », autrement dit la parole donnée par Jean Valjean, *alias* M. Madeleine, à Fantine, de s'occuper de sa fille Cosette. La grande scène de la rencontre entre Jean Valjean et Cosette dans la forêt de Montfermeil est donc écrite immédiatement après la préparation d'un discours à la Chambre des pairs sur le travail des enfants. Cosette « à la fois broyée par une meule et déchiquetée par une tenaille » (les deux Thénardier) a déjà l'âge, selon la loi de 1841, de travailler à l'usine, mais elle semble plus âgée : « quoiqu'elle n'eût que huit ans, elle avait déjà tant souffert qu'elle rêvait avec l'air lugubre d'une vieille femme ».

Dans la très brève préface des *Misérables*, qui date de 1862, « l'atrophie de l'enfant par la nuit » est l'un des trois problèmes du siècle à résoudre, avec « la dégradation de l'homme par le prolétariat » et « la déchéance de la femme par la faim ». À sa modeste échelle (l'île de Guernesey, qui était déjà une manière de paradis, mais pas du tout fiscal encore), Victor Hugo s'y employa en organisant chez lui, chaque semaine, un repas pour les enfants pauvres : « Le vrai socialiste unit la pratique et la théorie, et donne le pain au corps en même temps que les idées aux esprits. » Quant au roman lui-même, les enfants y sont nombreux, mais seuls Cosette et Gavroche sont passés à la postérité. Ils ne sont pas frère et sœur, même si les parents « adoptifs » de l'une, les Thénardier, sont les parents biologiques de l'autre : « C'était un de ces enfants dignes de pitié entre tous, qui ont père et mère et qui sont orphelins. » La première grande figure d'enfant apparue dans l'œuvre de Victor Hugo, bien avant sa fille Léopoldine, était aussi un orphelin, mais au sens premier du terme, une victime de la guerre dont toute la famille avait été massacrée. Les Turcs qui avaient ravagé la belle île de Chio l'avaient oublié ; il était tout seul en larmes sur des ruines, et le poète faisait tout son possible pour le consoler :

« Veux-tu, pour me sourire, un bel oiseau des bois,
Qui chante avec un chant plus doux que le hautbois,
Plus éclatant que les cymbales ?
Que veux-tu ? fleur, beau fruit, ou l'oiseau merveilleux ?
– Ami, dit l'enfant grec, dit l'enfant aux yeux bleus,
Je veux de la poudre et des balles. »

Ce poème des *Orientales*, écrit en juin 1828, disait avec une extraordinaire économie de moyens la responsabilité des hommes envers les enfants, leur capacité à les détruire. L'enfance idéale, celle des contes et légendes, était tout entière du côté de la voix du poète, tandis que l'enfant courageux et désespéré incarnait désormais la guerre et la vengeance. À l'origine, Victor Hugo avait appelé son poème « L'Enfant grec », puis il avait rayé l'adjectif d'un trait de plume, ne laissant plus que « L'Enfant ». Cet enfant, dès lors, était-ce le poète qui parlait, ou la désignation ironique de celui qui n'en était plus un, comme plus tard Cosette ? C'est ici qu'il faudrait méditer la profonde réponse de Gavroche, « petit garçon de onze à douze ans », au gros Gueulemer, bandit dans la force de l'âge : « Un môme comme mézig est un orgue, et des orgues comme vousailles sont des mômes. » (« Un enfant comme moi est un homme et des hommes comme vous sont des enfants. »)

Car à l'image de Gavroche, dont la bonne humeur inaltérable est d'autant plus remarquable qu'elle se développe sur un « cœur absolument sombre et vide », un certain nombre d'enfants dans l'œuvre de Victor Hugo en remontrent aux adultes par leur générosité ou leur héroïsme. Le plus célèbre d'entre eux est Aymerillot dans *La Légende des siècles*, à peu de distance du petit roi de Galice. Charlemagne a perdu ses douze pairs et son neveu Roland à Roncevaux ; il veut néanmoins, pour ne pas rester sur un échec, conquérir encore Narbonne. Seulement son armée est lasse, et la ville est bien défendue, notamment par « vingt mille Turcs ». Ses compagnons appelés un par un refusent tous le combat, même Hugo de Cotentin ! L'empereur furieux entre alors dans une colère homérique – dont l'effet est inattendu :

« Les barons consternés fixaient leurs yeux à terre.
Soudain, comme chacun demeurait interdit,
Un jeune homme bien fait sortit des rangs, et dit :

"Que monsieur saint Denis garde le roi de France !"

L'empereur fut surpris de ce ton d'assurance.

Il regarda celui qui s'avançait, et vit,
Comme le roi Saül lorsque apparut David,
Une espèce d'enfant au teint rose, aux mains blanches,
Que d'abord les soudards dont l'estoc bat les hanches
Prirent pour une fille habillée en garçon,
Doux, frêle, confiant, serein, sans écusson
Et sans panache, ayant, sous ses habits de serge,
L'air grave d'un gendarme et l'air froid d'une vierge.

"Toi, que veux-tu, dit Charles, et qu'est-ce qui t'émeut ?

– Je viens vous demander ce dont pas un ne veut :
L'honneur d'être, ô mon roi, si Dieu ne m'abandonne,
L'homme dont on dira : C'est lui qui prit Narbonne."

L'enfant parlait ainsi d'un air de loyauté,
Regardant tout le monde avec simplicité.

[…]

Charles, plus rayonnant que l'archange céleste,
S'écria :

"Tu seras, pour ce propos hautain,
Aymery de Narbonne et comte palatin,
Et l'on te parlera d'une façon civile.
Va, fils !"

Le lendemain Aymery prit la ville. »

Encore Aymery a-t-il 20 ans, sait-il lire le latin et est-il bachelier (ce qui voulait dire quelque chose en ce temps-là) ! Charlemagne protège Aymerillot comme Roland Nuño, et tous deux ont fait des études. Ce n'est pas le cas de cet autre enfant de l'âge de Gavroche que Victor Hugo met en scène dans un poème de *L'Année terrible*. L'histoire a remplacé la légende, car le même épisode est rapporté par Prosper-Olivier Lissagaray dans son *Histoire de la Commune* :

« Sur une barricade, au milieu des pavés
Souillés d'un sang coupable et d'un sang pur lavés,
Un enfant de douze ans est pris avec des hommes.
– Es-tu de ceux-là, toi ? – L'enfant dit : Nous en sommes.
– C'est bon, dit l'officier, on va te fusiller.
Attends ton tour. – L'enfant voit des éclairs briller,
Et tous ses compagnons tomber sous la muraille.
Il dit à l'officier : Permettez-vous que j'aille
Rapporter cette montre à ma mère chez nous ?
– Tu veux t'enfuir ? – Je vais revenir. – Ces voyous
Ont peur ! où loges-tu ? – Là, près de la fontaine.
Et je vais revenir, monsieur le capitaine.
– Va-t'en, drôle ! – L'enfant s'en va. – Piège grossier !
Et les soldats riaient avec leur officier,
Et les mourants mêlaient à ce rire leur râle ;
Mais le rire cessa, car soudain l'enfant pâle
Brusquement reparu, fier comme Viala,
Vint s'adosser au mur et leur dit : Me voilà.

La mort stupide eut honte et l'officier fit grâce. »

La seconde partie du poème est une longue apostrophe à l'enfant, qui par ce trait sublime aurait été chanté dans l'Antiquité grecque. Il aura son avatar encore dans la section « Les Petits » de la Nouvelle Série de *La Légende des siècles* (1877), toujours partagée entre le scandale des orphelins errants dans les rues de Paris comme cette saisissante « Némésis de cinq ans, Méduse du berceau », et la capacité fédératrice des mêmes enfants dans les guerres civiles : « Il suffit quelquefois de ce doux petit être, / Plus brave qu'un soldat et plus pensif qu'un prêtre, / Pour rallumer soudain, sous son vol d'alcyon, / Dans une populace un cœur de nation. »

De l'enfant grec à l'enfant communard en passant par les « Petits » de *La Légende des siècles*, sans oublier *Les Misérables*, les enfants chez Victor Hugo sont aussi souvent victimes que vainqueurs, ils inspirent la pitié ou l'admiration. Sans angélisme ni dogmatisme : si Nuño et Aymerillot valent mieux que les hommes, c'est peut-être la faute à Rousseau, mais on trouve aussi dans la même *Légende des siècles* de 1859, c'est peut-être la faute à Voltaire, quatre enfants qui torturent longuement un crapaud, avec cette incise terrible : « l'enfant rit quand il tue ». Il est vrai que ces bourreaux sont alors qualifiés de « petits hommes gais ». Mais le plus souvent ce sont tout de même les adultes qui sont coupables, soit de leur refuser l'éducation gratuite et obligatoire, soit de leur imposer d'affreux pédagogues – cruel dilemme. Dernier recueil de Victor Hugo, consacré en partie à ses petits-enfants, *L'Art d'être grand-père* (1877) est aussi sur ce point une manière de testament. Le tableau désastreux qu'offrent les temps présents incite à montrer plus de sévérité envers les adultes, et toujours plus de compassion pour les enfants qui, représentant l'avenir, deviennent la seule et unique source d'espoir. En jouant sur les mots, le dernier vers des « Enfants gâtés » contient mine de rien une vraie leçon politique : « j'aime mieux », y confie le poète attaqué dans ses luttes pour toutes les amnisties, « les enfants gâtés que les pères pourris ». À méditer.

JE ME MÉFIE DE PETER PAN

› **Jean-Pierre Naugrette**

Olivier raffole de Peter Pan : c'est normal, mon petit-fils a 6 ans, il a vu le dessin animé, et parcouru l'album Disney. Il faut avouer que l'entrée, par la fenêtre de la chambre des enfants Darling, du petit bonhomme vert à la recherche de son ombre, le fait qu'il vienne régulièrement, la nuit, s'asseoir au bord du lit pour jouer de sa flûte, le départ des enfants séduits par la promesse d'aller sur son île merveilleuse, le vol dans le ciel de Londres avec un slalom autour de Big Ben illuminé, le plongeon sur l'île sur laquelle s'étripent joyeusement pirates, Indiens, enfants perdus, animaux féroces, chacun tournant en rond pour attraper l'autre, avec le crocodile qui a avalé un réveille-matin en embuscade pour dévorer ce qui reste du corps mutilé du capitaine Crochet, et la gracieuse fée Clochette qui volette de-ci de-là, a de quoi séduire ledit garçon, qui une fois la lecture terminée, en redemande « Encore ! » au moment où l'on voudrait crier grâce.

Le monde ambigu de Peter Pan

Peter Pan est d'abord une pièce de théâtre, que James Matthew Barrie (1860-1937) a créée au début de la période édouardienne, le 27 décembre 1904 au Théâtre du duc d'York à Londres avant de publier un premier volume, *Peter Pan dans les jardins de Kensington* en 1906. On y apprend que Peter Pan est perpétuellement âgé d'une semaine : au bout de sept jours, il s'est échappé par la fenêtre de sa chambre, qui n'avait pas de barreaux. Il s'en est « retourné » dans les jardins de Kensington, comme s'il les avait connus dans une vie antérieure, oubliant qu'il était un humain, se prenant très vite pour un oiseau : au début il éprouve des difficultés à se balancer sur une branche, mais bientôt il se souvient comment faire, et s'endort. Dans les jardins, il se retrouve dans une situation d'« entre deux » : les fées, à qui on ne la fait pas, hurlent à son approche qu'un humain hante le parc après l'heure de la fermeture. Ostracisé par les petites créatures, mal à l'aise dans ses jeux, ce n'est pas en ces lieux qu'il vivra « une grande aventure ». S'envolant dans le ciel de Londres, il va se poser sur la fenêtre de la chambre où dort sa mère. Assis au pied de son lit, il lui joue, sur sa flûte, une belle berceuse. C'est le monde inversé, l'enfant qui berce sa mère. Elle murmure « Peter » avec délices. Lorsqu'il revient la fois suivante, il la trouve dormant paisiblement, les bras enlacés autour d'un autre petit garçon. Il revient dans les jardins en sanglotant. « Quand on atteint la fenêtre c'est l'heure de la fermeture. Les barreaux en fer sont érigés pour la vie », conclut amèrement le narrateur (1).

Jean-Pierre Naugrette est professeur de littérature anglaise du XIXe siècle à l'université Sorbonne-Nouvelle Paris-III. Spécialiste de R.L. Stevenson et d'Arthur Conan Doyle, il est aussi traducteur et romancier. Dernier livre paru : *L'Aronde et le kayak, une famille à Viroflay, 1930-1960*, Éditions Les Deux Sœurs, 2019.
› jeanpierrenaugrette@gmail.com

On retrouve ces ambiguïtés dans l'histoire la plus connue, *Peter et Wendy* (1911), traduite en français sous le titre « Peter Pan », dont la première phrase est « Tous les enfants, sauf un, grandissent » (2). Peter entre par effraction, comme un voleur, chez les Darling, étrange famille où la nounou, Nana, est une chienne terre-neuve assez vieux jeu, une merveille d'ordre et de ponctualité : c'est une sorte de Mary Poppins avant la lettre – la gouvernante créée par la romancière australienne Pamela L. Travers en 1934, popularisée par le film des mêmes studios Disney en 1964, avec Julie Andrews dans le rôle-titre. Mrs Darling, quant à elle, prend soin, la nuit, de faire du rangement dans l'esprit de ses enfants. C'est là qu'elle découvre, avec stupéfaction, que Wendy, John et Michael ont dans la tête la carte d'une île correspondant au

Neverland ou Pays du Jamais : « … avec d'étonnantes touches de couleur ici et là, et des récifs coralliens, et de fins bateaux de pirates à l'horizon, et des repaires sauvages et solitaires, et des gnomes qui sont pour la plupart des tailleurs, et des grottes où coulent des rivières… (3) »

C'est dire si, avant même l'arrivée de Peter Pan dans leur vie, les enfants Darling ont une carte de ce pays imaginaire que l'aventure réelle ne fera que confirmer. Et pour cause, puisque les enfants l'ont connu dans une vie antérieure : « Sur ces rivages magiques, les enfants qui jouent accostent sans cesse dans leurs petites barques. Nous aussi, nous y sommes allés ; nous pouvons encore entendre le bruit des vagues, mais plus jamais nous ne mettrons le pied à terre. (4) » L'arrivée de Peter Pan dans leur vie n'est autre que la projection, chez les enfants, d'un souvenir oublié, puis remémoré : même Mrs Darling, revenant dans son enfance, se souvient d'un certain Peter Pan réputé pour vivre avec les fées. Il y a du platonisme ici, dans cette croyance en une terre antérieure dont on ne peut que se souvenir avec nostalgie : « l'Enfant est le père de l'homme », disait Wordsworth en 1802.

On peut se demander ce que Wendy, John et Michael trouvent à Peter Pan. Chez lui, tout est terrible : il est « terriblement ignorant » (5), orgueilleux, sournois, fascinant. Dans son dialogue avec Wendy au chapitre III, c'est lui le demandeur : il ne connaît aucune histoire, pas plus que les enfants perdus, ceux qui tombent de leurs landaus lorsque leurs nounous regardent ailleurs. Pour convaincre Wendy de le suivre, il devient « terriblement rusé » (6) : contre la promesse de lui apprendre à voler, et de voir des sirènes, il lui offre de border les enfants le soir, de repriser leurs vêtements, de leur fabriquer des poches, perspective qui fait de Wendy la « mère » des enfants perdus, et une fois sur l'île, dans la « petite maison » souterraine, une figure d'épouse pour Peter. On comprend que Disney mette l'accent sur les pirates, les Peaux-Rouges et le crocodile ! Le rôle que Peter lui réserve n'est autre que la réplique, sur l'île, de cette figure de mère à jamais perdue. Au chapitre X, « La maison heureuse », on verra Wendy tentant de régenter d'insupportables garnements répondant au nom de Mirliton, Frisotton ou Grabouille : une mère de famille loin de chez elle, dans un pays imaginaire infesté de pirates et de sauvages, surveillée de près par une fée Clochette qui, jalouse de sa proximité avec Peter, l'abreuve de jurons. L'histoire qu'elle raconte au chapitre suivant est d'ailleurs pleine de nostalgie pour la maison perdue, que Wendy décrit avec une fenêtre toujours ouverte cette fois. Faut-il quitter père, mère et nounou pour cet insupportable bambin âgé de sept jours ?

Stevenson et la peur panique

La fin du XIXe siècle anglais n'a cessé de méditer sur la fameuse phrase de Plutarque, dans *Sur la disparition des oracles* (IIe siècle de notre ère), « Le grand Pan est mort » (7). Pan le dieu grec, dont le nom signifie « tout », fils d'Hermès et d'une nymphe, est celui des bergers : il est laid, car il porte des cornes et des pieds de chèvre. Il est aussi le dieu de la foule hystérique. Entre autres interprétations (8), on a lu la phrase de Plutarque comme signalant l'avènement de l'ère chrétienne, sous le règne de Tibère, avec la mort de ce démon.

Dans un essai intitulé « Les flûtes de Pan » (*Virginibus Puerisque*, 1881), Robert Louis Stevenson décrit Pan comme tantôt tapant terriblement du pied, de sorte que les armées se dispersent à sa vue, tantôt jouant de la flûte en lisière de forêt, charmant ainsi les laboureurs. Si les esprits savants et chagrins ne croient qu'aux vertus de la science positive, en revanche, « pour les jeunes, et les esprits ductiles et sympathiques, Pan n'est pas mort, mais seul de toute la hiérarchie classique, survit, triomphal » (9). L'essai s'articule sur l'ambiguïté de Pan, qu'on retrouvera avec le personnage créé par J.M. Barrie. D'un côté, Pan est associé à la perception de la nature dans ce qu'elle a de sensible et de plaisant : un pas de danse, le son de la pluie tombant sur la forêt feuillue, le chant des rivières tumultueuses, la couleur des ciels clairs, « la voix des choses », ce sont là des « mesures joyeuses », auxquelles la terre répond avec l'harmonie d'un chœur. De l'autre, la bourrasque qui démâte les navires au large, l'eau qui invite à la noyade, la mort qui guette les jeunes mariés, la peur du désir vécu comme excès, voilà qui relève aussi de Pan – d'où l'expression « peur panique », celle de ceux, par exemple, qui ont vu Mr Hyde dans le conte de 1886. Se faisant l'écho du néoplatonisme et de la philosophie alexandrine, alors à la mode (10), la nouvelle fantastique du romancier gallois Arthur Machen *Le Grand Dieu Pan* (1890) fera du dieu grec l'icône d'une traversée du monde sensible, d'une découverte des forces occultes de la nature : une ancienne route romaine dans la forêt, une pièce de monnaie antique, une femme ravageuse qui provoque des suicides en plein Londres, voilà qui ramène Pan au cœur d'une époque apôtre d'une idéologie du progrès et de la science, et qui pourtant ne se satisfait pas de l'évolution. Notre monde est « broussailleux », dit Stevenson, malgré ses jardins : un monde plus rustique, obscène et cruel qu'il n'y paraît. « Le cri ! le cri perçant du dieu sur nous ! (11) »

Alors oui, je me méfie de Peter Pan et de ses promesses d'une soi-disant île merveilleuse où la femme serait condamnée à des tâches domestiques, après que la maison de l'enfance a été abandonnée. Je comprends le mouvement lancé par Greta Thunberg, âgée de 16 ans, qui touche à l'avenir de notre planète dans ce qu'il a de plus beau et sensible. Mais je me méfie terriblement de cette jeunesse qui ne veut pas grandir, de ces esprits « ductiles et sympathiques » qui fuient leur école et voudraient dicter leur loi aux adultes. Ne serait-ce pas plutôt aux adultes ayant accepté de grandir d'agir ?

1. J.M. Barrie, *Peter Pan in Kensington Gardens*, Oxford University Press, 1991, notre traduction.
2. J.M. Barrie, *Peter Pan*, traduit et édité par Maxime Rovere, Payot & Rivages, 2013, p. 31.
3. *Idem*, p. 38.
4. *Idem*, p. 39-40.
5. *Idem*, p. 65.
6. *Idem*, p. 75.
7. Plutarque, *Œuvres morales*, tome VI, *Traités 24-26*, traduit par Robert Flacelière, Les Belles-Lettres, coll. « Budé », 1974.
8. Voir l'article savant de Philippe Borgeaud, « La mort du Grand Pan : problèmes d'interprétation », *Revue de l'histoire des religions*, 1983, 200-1, p. 3-39.
9. Notre traduction.
10. Voir le roman de John Meade Falkner, *Le Stradivarius perdu*, 1895. La fin du XIXe siècle anglais voit l'essor des rosicruciens, de la théosophie, et de l'Ordre hermétique de l'Aube dorée fondé en 1888, à laquelle adhère le poète irlandais W.B. Yeats.
11. Saint-John Perse, *Vents*, III, in *Œuvres complètes*, Gallimard, coll. « Bibliothèque de la Pléiade », 1972, p. 230.

LE REFUS DE GRANDIR COMME PROTESTATION

› **Eryck de Rubercy**

Avec Greta Thunberg, figure emblématique suédoise, ce sont partout des enfants sinon des jeunes gens qui manifestent avec l'objectif élevé de sauver le climat de la planète. Cette jeune militante environnementaliste est même devenue une icône climatique compte tenu de l'ampleur de ses actions commencées le 20 août 2018, date à laquelle, gréviste de l'école le jour de la rentrée, elle s'est assise pour la première fois devant le Parlement de Stockholm. Et c'est forte de son mouvement Fridays for Future, auquel l'ONU a décerné le titre de « champion de la Terre », qu'elle communique sur les réseaux sociaux, défile à Montréal, Berlin, Paris ou New York, prend la parole en public et est reçue par des dirigeants politiques du monde entier comme Angela Merkel, Emmanuel Macron, Jean-Claude Juncker, Justin Trudeau ou encore Barack Obama…

Cela dit, à songer à Greta Thunberg, adolescente âgée aujourd'hui de 17 ans, on est immanquablement renvoyé à Oscar Matzerath, l'enfant héros du *Tambour* de Günter Grass, roman publié en 1959, ainsi qu'aux images du film qu'en a tiré vingt ans plus tard Volker

Schlöndorff. Un roman qui, par un mélange de fabuleux et de réalisme, fait que son protagoniste refuse de grandir en signe de protestation contre le monde qui l'environne : « je restai l'enfant de 3 ans *[...]* qui était parfaitement achevé au-dedans comme au-dehors. Alors que ceux-là, les adultes, ne font jusqu'à la vieillesse que rabâcher l'histoire de leur développement, je fus l'enfant qui comprit tout seul ce qu'ils n'apprennent qu'avec tant de peine, souvent dans la douleur, au fil de l'expérience ; l'enfant qui, pour démontrer que quelque chose grandissait, n'avait pas besoin de porter chaque année des chaussures et des culottes plus grandes. »

C'est qu'avec Oscar refusant de grandir pour mieux se soustraire à la suite qui lui est promise par les conditions du monde présent, Günter Grass abordait le thème des adultes vus par un enfant, en l'occurrence un petit garçon qui, flanqué de son tambour dans ses tribulations à travers les rues de Danzig, allait devenir la conscience de la ville. À cet égard, le tambour du titre chez Günter Grass est littéralement l'instrument voyant et bruyant de la narration. En effet, il s'agissait pour le narrateur de trouver les moyens matériels de s'exprimer tout comme aujourd'hui il s'agit, pour Greta Thunberg, de pouvoir se faire entendre dans un contexte où les obstacles abondent et où les handicaps sont légion. Le texte de Günter Grass repose sur une exécution lancinante, mimétique des roulements de baguette sur le tambour. Un tambour pour s'extraire du monde environnant tout en s'y impliquant et qui devient magique en permettant à Oscar d'interpeller les adultes sur les crimes de national-socialisme comme le fait de façon très directe et radicale Greta Thunberg sur l'urgence climatique. Leur particularité à tous deux étant qu'ils perçoivent le monde comme menaçant.

Eryck de Rubercy, essayiste, critique, auteur avec Dominique Le Buhan de *Douze questions à Jean Beaufret à propos de Martin Heidegger* (Aubier, 1983 ; Pocket, 2011), est traducteur, notamment de Max Kommerell, de Stefan George et d'August von Platen. Dernier ouvrage publié : *La Matière des arbres* (Klincksieck, 2018).

Car il y a bien des traits de similitudes entre le personnage de fiction, le petit garçon Oscar, et Greta Thunberg qui, s'étant arrêtée un moment de manger puis de parler à 11 ans, annonce qu'« on n'est jamais trop petit pour faire une différence ». Pour une adolescente de 17 ans, elle est d'ailleurs de petite taille, et son visage est davantage celui d'une fillette que d'une jeune fille. Ses expressions faciales sont quasi inexistantes au point de lui donner un visage sans émotion lorsqu'elle exhorte violemment le monde des adultes à agir en prenant des mesures en faveur du climat. Et de même qu'Oscar accompagne de martèlements ses paroles comme pour souligner leur étrange intensité, Greta Thunberg s'exprime dans un langage percutant. Et puis, Grass projette dans son personnage-tambour la gravité que revêt le concept de l'enfance conçue comme l'expérience de la faculté même de parler et comme dimension originelle de l'humain, à l'instar de Greta Thunberg qui paraît donner à l'immaturité ce poids qui finit par manquer au monde adulte. D'ailleurs elle ne néglige jamais de souligner le défaut de maturité des dirigeants, faisant ainsi abstraction de sa propre jeunesse comme si son corps, à l'image de celui d'Oscar, était métaphysique, à savoir au-delà des affaires humaines. C'est qu'Oscar, qui ne grandit pas, prend lui aussi parti contre la vie d'adulte qui, vue d'en bas, lui paraît superficiellement sérieuse et infantile.

De plus, Oscar et Greta ont tous deux une particularité de fonctionnement qui ne fait qu'entériner leur marginalité, du moins leur atypie : il possède une voix capable de briser le verre ; elle est atteinte du syndrome d'Asperger. Une forme légère de trouble autistique qui rend entre autres les interactions sociales plus difficiles et au sujet de laquelle elle a déclaré : « Je pense qu'à bien des égards, nous, autistes, sommes normaux, et le reste des gens sont franchement étranges, surtout quand tout le monde répète que le changement climatique est le problème le plus important de tous, et pourtant continue de se comporter comme si de rien n'était. » Ici, comme dans le roman de Günter Grass, les frontières entre le normal et l'anormal sont réévaluées : est-ce le gnome Oscar qui n'est pas à sa place, ou bien est-ce l'univers des « géants » qui se fourvoie ? Oscar, comme Greta, s'inscrit contre la folie commune des hommes. Sans compter que l'autisme, vécu d'ordinaire comme un handicap, est pour ainsi dire revendiqué par Greta comme la preuve éclatante de son libre arbitre.

Et tous deux de gagner ainsi une réelle et authentique capacité à soumettre le monde aux accusations, à prendre le monde pour cible de la culpabilité personnelle et nationale. Une façon de clamer leur supériorité sur les adultes afin d'apparaître insaisissables, intouchables au regard de la sphère adulte normale. Avec Oscar Matzerath, Grass produit sur le terrain de la fiction un face-à-face avec la vérité qui aboutit, comme avec Greta Thunberg, à une vision tout aussi folle de la culpabilité généralisée prenant en la circonstance la dimension du monde entier. Leur lexique de la culpabilité se fait d'ailleurs de plus en plus insistant. Celui de Greta Thunberg passant du « comment osez-vous dire que vous en faites assez ? » à une mise en cause de la France et de quatre autres pays pollueurs devant le Comité des droits de l'enfant des Nations unies. Démarche visant à demander aux États membres de « prendre des mesures pour protéger les enfants des effets dévastateurs du changement climatique ».

On peut voir d'autres airs de ressemblance entre Greta Thunberg et Oscar Matzerath. Par exemple, pour l'écrivain, la figure d'Oscar est douée d'une certaine omniscience (il « était plus ou moins au courant de tout »), quand d'aucuns affirment que Greta Thunberg a une connaissance scientifique des mécanismes en jeu dans la crise climatique bien supérieure à la majorité. Et tel épisode dans *Le Tambour*, où une bande d'enfants et d'adolescents se réunissent autour d'Oscar, leur messie, pour une ère nouvelle, n'est pas non plus sans évoquer Greta Thunberg en représentante des générations futures. Oscar et Greta sont des observateurs, des commentateurs en apparence enfantins et naïfs de la vie des adultes, de leur environnement et des événements qu'ils ont causés, dans lesquels ils sont entraînés et dont, en ne faisant rien pour y remédier, ils deviennent d'autant plus coupables. Aussi Oscar et Greta se positionnent-ils en procédant à des recadrages interrogateurs : « Comment osez-vous ? », lance-t-elle pleine de rage à l'adresse des dirigeants de la planète.

Enfin, dans une même perspective, Oscar comme Greta incarnent des empêcheurs de tourner en rond, des individus « anormaux » appartenant à une communauté qui les intègre et en même temps les exclut. Oscar subit des épreuves et des revers, comme Greta Thunberg est régulièrement la cible de critiques et d'attaques. Mais ce n'est aussi que dans cette mesure que l'un et l'autre acquièrent la véritable force qu'ils ont en eux, le plus important pour Greta étant que les dirigeants et responsables politiques changent leurs visées sur le monde et s'engagent vraiment face à la crise climatique, bref, que le monde adulte change, chacun à son niveau.

Mais en réalité Oscar et Greta projettent un état idéal que la réalité contredit car les mots, aussi autoritaires et accusateurs qu'ils soient, ne comblent pas l'écart qui existe entre l'intention et la réalisation. Ainsi le tambour d'Oscar comme les discours de Greta ménagent-ils l'attente d'un miracle qui n'aura vraisemblablement pas lieu. Sans aucun défaitisme, disons que la liste est longue, en effet, des secteurs qui, selon les souhaits de Greta Thunberg, seraient appelés à muter en profondeur et l'on ne change pas un système énergétique d'un coup de baguette magique.

L'ENFANT DANS LES RÉGIMES TOTALITAIRES

› **Bernard Bruneteau**

Une série d'images associe l'enfant au totalitarisme. Nous viennent d'abord à l'esprit les photos de propagande où le dictateur, Hitler et Staline en particulier, s'affiche en bon grand-père patelin, à côté de garçons et de filles qui le couvrent de fleurs en le remerciant de leur offrir une enfance aussi heureuse. On se rappelle aussi des enfants embrigadés en uniforme, Balilla italiens faisant un salut fasciste maladroit, Hitlerjugend battant tambour dans l'enceinte de Nuremberg, Pionniers soviétiques défilant joyeusement sur la place Rouge ou jeunes gardes rouges hystériques brandissant le Petit Livre de Mao. On se souvient aussi des adolescents défendant fanatiquement Berlin en avril 1945 et, trente ans plus tard, des jeunes gardiens-tueurs khmers rouges de la prison S-21 à Phnom Penh. Les régimes totalitaires ont mobilisé et instrumentalisé la jeunesse, privilégiée pour la malléabilité de ses comportements, le potentiel révolutionnaire de son énergie brute, son idéalisme sans limites. Une jeunesse qui en retour a bien souvent offert son enthousiasme, sa disponibilité et sa vie. Aussi énigmatique que puisse paraître cette alliance entre l'enfant symbole d'innocence et l'ogre totalitaire, elle est un puissant révélateur de l'idéologie et des pratiques de régimes qui ambitionnaient de bâtir un ordre nouveau sur les ruines du monde des « anciens », jugé putréfié. Tout passait alors par la saisie des jeunes, des adolescents comme des tout-petits, définis comme éminemment « sains » et « purs » à la différence des générations ayant vécu dans les compromis, les compromissions et les fautes de l'âge démocratique et bourgeois. Dans son roman célèbre, *Le Roi des aulnes*, Michel Tournier a su raconter cette captation des enfants par une école politique nazie, entre kidnapping organisé et adhésion fervente. La jeunesse totalitaire subit la domination totale et y participe tout à la fois.

Au cœur de l'idéologie totalitaire, fasciste, nazie ou bolchevique, il y a le mythe d'un homme nouveau qui récuse toutes les sociétés historiques en proposant de reconquérir une nature humaine en sommeil sous les cendres de l'homme moderne, un homme d'avant la chute dans l'univers de l'individualisme libéral et capitaliste. Le fantasme totalitaire est donc d'abord un fantasme pédagogique dans la mesure où il faut favoriser la formation d'un modèle social et politique d'accomplissement par une éducation révolutionnaire adéquate. Avec des variantes. L'homme nouveau fasciste ou nazi a une dimension d'abord biologique en étant un « individu-corps » intégré au sein d'une nation fusionnelle et prêt au sacrifice. L'homme nouveau communiste est plutôt un homme social total, tout à la fois héros et technicien, moyen et exemplaire, égalitaire et élitaire. Mais au-delà des modèles vivants différents – le paysan enraciné dans le *Blut und Boden*, le héros du stade olympique, le milicien des troupes d'assaut d'un côté, l'ouvrier stakhanoviste, le militant du parti, le soldat rouge de l'autre, les archétypes communs du travailleur, de l'athlète et du guerrier dessinent un prototype d'individu parfait pour les deux types de régime qui vont l'inscrire dans l'agenda éducatif. Pour le faire surgir, pour faire en sorte que « tous les hommes *[soient]* devenus un homme » (Hannah Arendt), l'État totalitaire sera un État pédagogue,

Professeur de science politique à l'université Rennes-I, Bernard Bruneteau est connu pour ses travaux sur le totalitarisme et les génocides. Derniers ouvrages publiés : *Un siècle de génocides. Des Hereros au Darfour (1904-2004)* (Armand Colin, 2016) et *Combattre l'Europe. De Lénine à Marine Le Pen* (CNRS éditions, 2018).
› bernard.bruneteau@univ-rennes1.fr

en mettant l'enfant au centre de ses préoccupations, chargé d'éveiller, d'éduquer, de transformer, de récompenser, mais aussi de contraindre, de surveiller, de punir le matériau informe de la jeunesse, tout à la fois porte-étendard de la révolution (nationale ou socialiste) et catégorie toujours menacée de déviance. « Sur une page blanche, disait Mao, tout est possible ; on peut y écrire et dessiner ce qu'il y a de plus nouveau et de plus beau. » Pour tous les totalitarismes, l'enfant sera cette page blanche.

Il n'est pas surprenant que les premiers analystes du phénomène totalitaire, Luigi Sturzo et Thomas Woody dès l'entre-deux-guerres, Max Gustav Lange au début des années cinquante, aient saisi comme l'un des critères de différenciation de ces régimes avec l'État national-libéral le monopole affirmé de l'enseignement avec une ambition éducative démesurée visant à apprendre à aimer l'État nouveau à partir de cinq principes (élitisme, antipluralisme, antirationnalisme, collectivisme, activisme). L'enfant totalitaire est ainsi le produit d'une pédagogie révolutionnaire qui met en scène l'homme nouveau avec son double répulsif (l'ennemi de classe, l'antipatriote, le cosmopolite, le juif, le sous-homme…), afin de créer un imaginaire où le mythe est pensé comme un moteur historique. Cet imaginaire peut déjà se vivre dans des laboratoires socio-institutionnels qui permettent la sélection de la future avant-garde : l'école politisée et les organisations de jeunesse unique.

Fondateur de la pédagogie communiste, dont le but n'est pas l'épanouissement de l'homme-individu mais son contrôle au nom des intérêts collectifs de l'État, auteur en 1936 du *Poème pédagogique* qui est une lecture obligatoire en URSS et dans les futures démocraties populaires, Anton Makarenko met au cœur du projet éducatif le concept de rééducation permanente à partir de l'adage : « Celui qui s'est rééduqué rééduque les autres ». C'est dans cette optique que les régimes communistes recrutent dès les classes de lycée de jeunes informateurs auxquels on transmet une culture de l'« ennemi » et dont la mission est d'espionner les jeunes déviants et les professeurs, d'influencer leur entourage et de… recruter d'autres informateurs au sein des Pionniers soviétiques fiers de leur foulard rouge (de 9 à 14 ans) puis des jeunes communistes du Komsomol (de 14 à 29 ans) car, selon le serment prêté à l'entrée dans ces organisations, il fallait « être toujours ferme dans la lutte pour la cause de Lénine et Staline et pour la victoire du communisme ». De l'espionnite à la délation comme vertu civique il n'y a qu'un pas. C'est ainsi qu'on cite avec une solennité particulière dans le monde communiste le nom de Pavlik Morozov, un Pionnier de 13 ans qui, en 1932, n'avait pas hésité à dénoncer son père, un ancien président du soviet rural qui protégeait des koulaks. Tué par la communauté paysanne, le petit informateur-délateur allait être sacré héros du Komsomol et son histoire (un peu obscure) érigée en mythologie édificatrice au sein des sociétés soviétiques et soviétisées où les Morozov ont existé à des dizaines de milliers d'exemplaires. Son descendant direct sera le *chlôp* des campagnes cambodgiennes, l'enfant-espion écoutant sous les huttes à pilotis les conversations nocturnes des adultes et les rapportant fidèlement aux chefs khmers rouges, qui traitaient en conséquence les « éléments nuisibles ».

« Je veux une jeunesse brutale, impérieuse, impavide et cruelle »

Dans l'Italie fasciste, la charte de l'école élaborée en 1938 par le ministre de l'Éducation nationale Giuseppe Bottai assigne des objectifs clairement totalitaires en rupture avec la réforme de 1923, jugée trop conforme à l'élitisme bourgeois : intégration des couches populaires (par la multiplication des formations techniques, l'allongement et la gratuité de la scolarité obligatoire, l'assouplissement des conditions d'examen), abolition symbolique des clivages sociaux (par l'obligation faite aux enfants des classes supérieures de séjourner en usine ou à la ferme). En satisfaisant à ces objectifs, cette école de masse devait contribuer selon ses promoteurs à « former la conscience humaine et politique des nouvelles générations » jusqu'à ce que le fascisme devienne une « norme inconsciente ». La nouvelle charte devait aussi consacrer l'étroite collaboration entre l'école et l'organisation de jeunesse unique du parti fasciste, la Gioventù italiana del Littorio (GIL, Jeunesse italienne du Licteur). Destinée à mobiliser et à encadrer, elle épargnait peu de monde, voyant se succéder Fils de la Louve (garçons de 4 à 8 ans), Balilla (garçons de 8 à 14 ans), Petites Italiennes (filles de 8 à 14 ans), Avant-gardistes (garçons de 14 à 18 ans), Jeunes Italiennes (filles de 14 à 18 ans), soit environ 6,5 millions d'enfants et adolescents portant la chemise noire en 1939. Cette mobilisation extensive de la jeunesse illustre la volonté d'ouvrir une authentique voie italienne au totalitarisme.

« Je veux une jeunesse brutale, impérieuse, impavide et cruelle » : Hitler a clairement associé la jeunesse allemande à l'esprit de la révolution politique qu'il conduisait et un film comme *Le Jeune Hitlérien Quex* l'a clairement illustré dès 1933. La HitlerJugend (HJ, garçons de 14 à 18 ans) et le Bund Deutscher Mädel (BDM, filles de 14 à 18 ans) ont absorbé tous les mouvements de jeunesse existants et accueillent ceux qui sont déjà passés par le Jungvolk (garçons de 10 à 14 ans) et le Jungmädel (filles de 10 à 14 ans). Attardons-nous sur le rapport de la HJ avec l'institution scolaire car il révèle beaucoup de l'essence du projet éducatif nazi, dont le pédagogue en chef, Ernst Krieck, ancien instituteur devenu recteur de Francfort et rédacteur de la revue *Volk im Werden* (Peuple en devenir), cultive l'idéal spartiate du « dressage » chargé de faire disparaître toutes les disharmonies au sein du *Volk*. Deux options s'offraient au régime pour transformer cette volonté en réalité : soit politiser l'école, l'organisation de jeunesse unique (HitlerJugend, HJ) servant de structure d'appoint pour la gestion du temps extrascolaire, soit donner les pleins pouvoirs à la HJ dans la conduite d'un plan de formation fondé sur l'action, l'école assurant alors un simple complément d'« humanités ». Au début, le régime n'a pas choisi et les deux systèmes ont fonctionné parallèlement. L'école, surtout les échelons primaire et primaire supérieur, s'est nazifiée dans ses contenus, son personnel et ses instances de recrutement. La HJ, qui recrutait d'abord sur la base du volontariat à l'égal de son homologue féminine BDM, a vu de son côté ses effectifs atteindre 3,5 millions d'adhérents dès la fin de 1933 avec l'interdiction des mouvements de jeunesse de gauche et l'absorption de ceux de droite.

C'est à partir de 1936 que s'engage le processus qui voit la jeunesse du parti devenir la jeunesse de l'État et entamer contre l'enseignement scolaire un travail de sape en vertu du mot d'ordre « la jeunesse doit être guidée par la jeunesse ». Offensive d'abord contre le système primaire, qui perd sa spécificité avec la fusion des écoles catholique et protestante en une seule « école communautaire » et son indépendance lorsque l'instituteur devient à la fois chef de cellule et instructeur de la HJ. Offensive ensuite contre l'enseignement secondaire des lycées, accusés de rester des sanctuaires de l'esprit « bourgeois ». En multipliant les réunions du soir pour pénaliser le travail à la maison, en pratiquant l'entrisme dans les conseils d'établissement pour peser sur leur discipline et leur organisation pédagogique, en exerçant des pressions pour accroître son propre recrutement, le mouvement de jeunesse nazie remporte peu à peu la victoire sur les parents et l'école. Au printemps 1939, avant que l'adhésion ne devienne obligatoire, la HJ compte 8 millions de membres (soit les deux tiers de la tranche d'âge 14-18 ans) dont 750 000 chefs d'équipe et de section, encadrés par 8 000 chefs à plein temps recrutés sur des critères raciaux et idéologiques. Ses activités occupent désormais les adolescents deux journées et demie par semaine et ne se résument plus à des ateliers de bricolage et des jeux de plein air. La formation doctrinale, la préparation militaire et l'activité de surveillance des jeunes réfractaires constituent désormais l'essentiel de leur emploi du temps. L'époque de la guerre verra l'achèvement de ce triomphe de la jeunesse organisée sur l'école. En 1940, sous prétexte de les soustraire aux bombardements (peu effectifs à cette date), l'opération « Envoi des enfants à la campagne » vise en fait à détacher définitivement les jeunes Allemands de leurs parents et professeurs en les confiant aux cadres HJ dans des centres où sont prônées les seules qualités physiques et psychologiques. De la même façon, c'est durant la guerre que les écoles supérieures de formation des maîtres (les écoles normales d'instituteurs nazies) se voient subordonnées à l'organisation de jeunesse. L'enfant est devenu roi sous le IIIe Reich. L'aboutissement de ce processus était l'intégration toujours plus poussée aux pratiques policières du régime – surveillance des marchés et des rues, dénonciation des conversations déviantes de l'entourage, perturbations des messes et processions religieuses, chasse aux prisonniers et déportés fugitifs – ainsi qu'à l'effort de guerre du Reich : défense passive, service dans l'artillerie antiaérienne et enfin constitution de la division SS HitlerJugend, dont la férocité surprendra les Alliés lors des combats de Normandie.

Est-ce à dire que la visée totalitaire sur la jeunesse de ces différents régimes sera absolue ? Non, dans la mesure où survivra toujours une jeunesse réfractaire et déviante, sans parler de l'indifférence et des pratiques de fuite. En Italie, même après 1937, quand l'inscription dans les organisations de jeunesse fut rendue obligatoire, les inscrits ne dépassèrent jamais les 50 %. La mobilisation pouvait être permanente et plus contrôlée en Allemagne mais elle n'empêchait pas les pratiques de sociabilité dissidente, qu'il s'agisse des jeunes bourgeois *swing* de Francfort (criant « *Swing Heil!* » au lieu de « *Sieg Heil!* »...) ou surtout des bandes d'origine prolétarienne des villes de la Ruhr (les « pirates de l'Edelweiss ») dont l'importance grossit durant les années de guerre. Très actifs dans la région de Cologne et d'Essen, qui semble avoir été l'épicentre du phénomène (3 000 « pirates » y furent identifiés par la Gestapo), ces jeunes d'une quinzaine d'années résistent de diverses manières : affrontement avec les membres de la HJ, absentéisme scolaire, graffitis subversifs, chansons contestatrices, distribution de tracts... De semblables phénomènes s'observent en URSS. En dépit de l'idéologie officielle de l'*Homo sovieticus* dévoué et du stakhanoviste héroïque, la société stalinienne issue des Pionniers et du Komsomol est peuplée de nombre de faussaires et d'escrocs en quête de réseaux qui accordent protection et faveurs, la figure du roublard tendant à l'emporter *in fine* sur celle de l'Homme de fer. Modèle des démocraties populaires est-européennes, la République démocratique d'Allemagne aimait à se présenter comme une « dictature éducative » où la police politique, la Stasi, était devenue un acteur pédagogique à part entière depuis les années soixante. À la veille de son effondrement, les rapports officiels reconnaissaient pourtant que la jeunesse n'avait pas adhéré au mythe de l'homme socialiste nouveau, se réfugiant dans une simple adhésion formelle pour mieux détourner les pratiques proposées et développer son quant-à-soi. L'individu, la famille et la bande d'amis restaient les valeurs de référence des Pionniers, pas le collectif socialiste. Et le seul homme nouveau attractif se trouvait à l'Ouest, dans ces *comics* américains que l'on lisait en cachette...

L'inaccomplissement du projet totalitaire en matière éducative ne doit pas masquer l'essentiel. Directrice du service de presse de l'organisation féminine nazie BDM, Melita Maschmann rapporte dans ses mémoires de 1963, *Fazit: Kein Rechtfertigungsversuch* (*Ma jeunesse au service du nazisme*) : « Nous rêvions de nous sacrifier pour un idéal. » Ce rêve sacrificiel lui a sans doute permis de ne pas voir ou d'oublier les millions d'enfants disparus dans les ghettos et les camps. De même que les jeunes Pionniers qui continuaient à saluer jusqu'aux années quatre-vingt la statue de Morozov érigée à Moscou avaient choisi d'ignorer les centaines de milliers d'enfants déportés dans les orphelinats du Goulag pour les crimes imaginaires de leurs parents victimes de la Grande Terreur stalinienne. L'enfance, côté bourreau, côté victime…

JEUNESSE MILITANTE : VIVE LA FORMATION CONTINUE !

› **Gaultier Bès**

Chaque jour, en rejoignant ma salle de classe, je passe devant une porte sur laquelle, en lettres noires et capitales, on peut lire le doux nom de « GRETA ». Les premières fois, cela ne manquait pas de m'amuser. Vraiment, pensai-je, le phénomène va trop loin ! Qu'elle soit reçue à l'Assemblée nationale, qu'on lui donne tribune à l'ONU, passe encore ! Mais qu'on baptise de son nom un organisme national ? Qu'on la mette ainsi sur le même plan qu'un Érasme (le programme Erasmus, European Action Scheme for the Mobility of University Students) ou qu'un Pascal (Programme d'aide aux sciences et aux langues) ?

Charmes de l'acronymie : le Greta, en l'occurrence, n'a bien sûr rien à voir avec Melle Thunberg, désignant simplement un groupement d'établissements publics « fédérant leurs ressources humaines et matérielles pour organiser des actions de formation continue pour adultes ». Avouez qu'en pleine tournée internationale de la porte-parole de la jeunesse écologiste, le rapprochement s'imposait.

Car, en définitive, que faisait alors Greta Thunberg sinon « organiser des actions de formation continue pour adultes » ? Et pas n'importe lesquels : des décideurs inconscients, des responsables irresponsables. « Comment osez-vous regarder ailleurs et venir ici en prétendant que vous en faites assez ? », leur a-t-elle lancé à la tribune des Nations unies en septembre dernier. Ce n'est pas de sa propre autorité que cette lycéenne prétend faire la leçon à des chefs d'État bardés de diplômes, mais de celle des scientifiques dont elle se fait le relais charismatique : « Nous devons écouter les scientifiques, nous devons être unis derrière eux et agir avec eux », a-t-elle conclu.

Gaultier Bès est professeur agrégé de lettres modernes et directeur adjoint de *Limite. Revue d'écologie intégrale*.

Entre scepticisme et faux consensus

Que le caractère incroyable de ce qui se passe (non pas de ce qui arrive seulement, mais de ce qui se passe, dès à présent) provoque de l'incrédulité, c'est bien normal. Que la remise en cause radicale de décennies de développement industriel soit mal prise par ceux qui en ont été les principaux acteurs et bénéficiaires, c'est bien compréhensible. D'autant que ce sont de jeunes Occidentaux qui en portent la critique, eux qui justement profitent de tout le confort et de l'abondance produite. Ceux-là mêmes qui devraient être les plus reconnaissants sont pleins d'ingratitude ! N'y aurait-il donc là qu'une crise d'adolescence générationnelle, comme a pu l'être Mai 68 pour les étudiants ? En ce cas, on comprend que les discours enflammés de la lycéenne suédoise ne soient qu'un coup d'épée dans l'eau.

Pourtant, me direz-vous, Greta Thunberg est tout sauf une prophétesse qui crie dans le désert. N'est-elle pas reçue, avec les honneurs, partout où elle passe ? Cela n'a que l'apparence du vrai. Car, en réalité, le respect et les applaudissements que lui réservent ses augustes auditeurs sonnent creux. Paradoxalement, dans notre société du spectacle, le spectacle d'un monde en plein effondrement ne passionne pas les foules et ne mobilise que très superficiellement nos dirigeants. Le défi fabrique du déni, l'inédit de l'inertie.

En effet, le plus terrible dans cette affaire, d'une certaine manière, ce n'est pas tant la dénégation climato-sceptique, laquelle, à mesure que la catastrophe se déroule sous nos yeux, ne peut que décroître. Le plus terrible, ce ne sont pas non plus les injures adressées à une jeune fille par quelques malotrus imbus de leurs privilèges. Le plus terrible, c'est l'hypocrisie des dirigeants et l'inconséquence des foules. La fausse approbation de ceux qui prennent des notes mais pas de décisions. Un seul fait, éloquent : le premier sommet intergouvernemental sur le climat remonte à 1979, le premier rapport du Groupe d'experts intergouvernemental sur l'évolution du climat (Giec) à 1990, tous deux ayant conclu à la nécessité absolue de réduire la menace climatique en maîtrisant nos émissions de CO_2. Résultat : celles-ci n'ont cessé d'augmenter et rien n'annonce l'inversion de la courbe tant attendue…

De deux choses l'une. Soit ce que disent sur le climat l'écrasante majorité des experts est vrai, et dans ce cas, il ne suffit pas d'écouter leurs relais médiatiques, et il faut sortir au plus vite de l'économie carbonée (comme l'ONU vient de le redire dans un énième rapport). Soit c'est inexact, et dans ce cas, il n'y a aucune raison de donner tant de place à une jeune lycéenne gréviste…

Dans tous les cas, ce n'est pas elle qu'il faut regarder, ni la frange de la jeunesse engagée sur cette question, ni même les foules, certes de plus en plus impressionnantes, qui marchent régulièrement pour le climat dans les villes du monde entier. C'est la situation.

Quand la jeunesse se rebiffe

Il est vrai qu'au-delà de l'urgence bioclimatique elle-même, l'âge des manifestants interroge. Le désinvestissement politique des jeunes était presque devenu proverbial. Et voilà qu'en mouvements plus ou moins spontanés, on les voit parcourir massivement les rues, les occuper, voire les bloquer, pour exiger des changements profonds de politique. Parmi les plus radicaux, Extinction Rebellion. Bien sûr, il faut raison garder :

combien de pourcents des jeunes Français entre 15 et 25 ans se sont-ils manifestés ? Sans doute la plupart d'entre eux sont-ils comme leurs aînés : largement inconscients des conséquences directes et irrésistibles d'une élévation accélérée des températures à la surface du globe. Pourtant, le démenti est là : une part croissante de la jeunesse occidentale ne se satisfait plus des prestiges de la société d'abondance industrielle, et ne croit plus aux promesses du progrès technique. Le rêve de la mondialisation libérale n'est désormais plus qu'une vieille lune, surtout chez ceux qui prennent de plein fouet la précarisation de leurs conditions de vie, socio-économiques bien sûr (le dernier rapport des Restos du cœur précisait que plus de la moitié des personnes bénéficiaires avaient moins de 26 ans), culturelles sans doute aussi, mais encore écologiques. Car en 2050, horizon de nombreuses études alarmistes sur les effondrements écosystémiques, ceux qui nous gouvernent aujourd'hui auront depuis longtemps pris leur retraite, mais les jeunes qui manifestent aujourd'hui, eux, seront encore bien là.

Il est naturel que des parents soient davantage concernés par l'avenir, dans la mesure où leurs propres enfants auront à l'affronter. Périclès le suggérait déjà, au Ve siècle avant Jésus-Christ, dans une oraison funèbre rapportée par l'historien Thucydide : « il n'est pas possible de mener une bonne politique si l'on n'engage pas, comme les autres, des enfants au danger ». Il serait bien étrange que ce ne soit pas vrai aussi, et d'abord, pour les premiers concernés. Car il en va ainsi des enjeux écologiques : les destructions peuvent être immédiates et sans appel, mais les réponses sont lentes et laborieuses. Or nous avons pris beaucoup de retard. « Une décennie perdue », admet l'ONU. Comment ne pas comprendre l'impatience des jeunes qui voient d'énormes dangers approcher mais si peu de remèdes ?

Des enfants de leur temps

Aussi faut-il se réjouir que tant de jeunes prennent la parole publiquement. Non pas que l'expérience soit dispensable, mais les défis écologiques exigent que montent en première ligne les enfants de l'an 2000 puisque ce sont eux qui vivront le plus longtemps sous un régime climatique que tout annonce chaotique. Ce sont eux qui sont les plus disposés à bousculer les vieux réflexes (le salut par la technique, la relance par la consommation...) et à renouveler les imaginaires. Ils n'ont connu que le consumérisme débridé, peut-être auront-ils d'autres rêves que d'accumuler des gadgets *made in China*. Ils n'ont pas connu les tares du collectivisme, peut-être seront-ils dès lors moins indulgents avec celles du capitalisme globalisé.

À cet égard, un certain type de messages, largement diffusés sur les réseaux virtuels en guise de contre-feu aux revendications des jeunes écologistes, est révélateur d'une forme de malentendu : on leur reproche de manifester pour le climat tout en participant eux-mêmes à sa dégradation par leur mode de vie, et notamment leur usage frénétique du numérique (le visionnage de vidéos en ligne aurait généré en 2018 plus de 300 mégatonnes de CO_2, soit autant que l'Espagne...). Bien sûr, comme nous tous, ils ont leurs incohérences. Mais qui les a fait grandir avec de tels objets entre les mains, qui les a produits, qui leur a vendu ? Ils sont les enfants de leur époque, soumise au marketing. Des écrans publicitaires sur du béton : tel est à peu près leur héritage, qu'il faut leur souhaiter de savoir tourner vers d'autres désirs, moins cupides et plus humains.

Mais cela ne se fera pas au cours de telle ou telle manif, ou à travers tel ou tel hashtag. Cela se fera par une refondation de nos conceptions de la vie, une réorientation intégrale des finalités que nous nous donnons.

Plongée depuis l'enfance dans le maelström numérique, cette jeunesse sait s'indigner du sort réservé à notre Terre, à son extraordinaire diversité biologique et aux miséreux. Saura-t-elle elle-même faire les choix qui s'imposent, vivre les transitions collectives et les conversions individuelles que la situation exige ? Pour cela, il faudrait qu'elle connaisse autre chose que l'urgence climatique d'une part et les paradis artificiels de l'autre. Las ! la transmission, notamment celle des humanités, s'est distendue, nous laissant désemparés face à l'immensité de la menace qui plane sur la seule civilisation que nous connaissions désormais, celle du jetable et du global.

Un nouvel horizon

Pour que son militantisme ne soit pas récupéré par quelque vendeur de rêves augmentés, notre jeunesse a d'autant plus besoin d'art et d'intelligence, de gratuité et de silence, de beauté et de raison. Elle a besoin de savoir s'abstraire du bruit du monde pour se trouver soi-même. Elle a besoin de temps pour concentrer son attention sur ce qu'il lui semblera crucial de préserver dans un monde ravagé, mais aussi, plus concrètement, pour choisir dès à présent les orientations professionnelles qui favoriseront sa résilience et son épanouissement. Vaudra-t-il mieux, à ses yeux, être un trader « jetlagué » ou un artisan paisible ?

Notre jeunesse a besoin de lire pour savoir que l'ère industrielle ouverte il y a moins de deux siècles n'est qu'une parenthèse dans l'histoire humaine et que bien des humains avaient auparavant trouvé le moyen de vivre bien, et même heureux, sans pétrole et sans smartphone. Elle a besoin de nature pour mesurer tout ce qu'elle perd. Qui lui montrera l'admirable profusion d'une rivière sauvage ? Qui lui enseignera que la loi de la jungle est autant, sinon plus, coopération que compétition ?

Cette génération a compris qu'elle va vivre dans un monde qui aura de moins en moins à voir avec celui de ses parents, grands-parents et même arrière-grands-parents, et de plus en plus, pénurie oblige, à celui de ses aïeux. Saura-t-elle percevoir dans ces changements non pas seulement des privations, mais des enrichissements ? Car renoncer à l'avion, c'est apprendre à découvrir les merveilles qui nous entourent. Moins de viande rouge, c'est retrouver et inventer de nouvelles saveurs. Moins d'écrans, c'est plus de visages.

Pour vivre cette conversion des désirs, seule apte à changer les structures économiques et sociales, il ne va pas lui falloir que des censeurs ou des juges, il va surtout lui falloir des modèles, venus d'ici ou d'ailleurs, de jadis ou de naguère, des maîtres de vie auprès de qui elle pourra découvrir ce qui vaut la peine d'être vécu, même et surtout en temps d'effondrement. Ils trouveront dans les livres et autour d'eux des sages qui ne sacrifient pas l'essentiel à l'accessoire. C'est cela, au fond, la « formation continue », dont nous avons tous, adultes ou lycéens, le plus grand besoin.

SAINTE GRETA DES FINS DERNIÈRES, FOUETTEZ-NOUS !

› **Damien Le Guay**

Une nouvelle religion est apparue : l'écologie radicale. Elle n'est plus une vigilance à l'égard de la nature, une attention pour l'environnement. Désormais, elle s'impose à nous dans une urgence des fins dernières. Nous devons changer radicalement tous nos comportements en général et surtout en particulier, dans notre vie de tous les jours. Le glas du monde ne cesse de retentir. Les trompettes de l'Apocalypse résonnent. Convertissons-nous à la sobriété ! Adoptons la morale des « empreintes carbone » faibles ! Soyons responsables jusqu'à ne plus avoir d'enfants ! Soyons de nouveaux adeptes des basses émissions toxiques. Prenons le train plutôt que l'avion, le vélo et non la voiture. Soyons irréprochables. La nature n'est plus à notre disposition, nous devons être à la sienne. Pour n'être plus ses « maîtres et possesseurs », il nous faut être ses serviteurs zélés.

Religion avec ses grands prêtres du Groupe d'experts intergouvernemental sur l'évolution du climat (Giec), avec sa demande de conversion immédiate pour éviter le chaos, avec ses prophètes qui annoncent l'imminence de la fin du monde, avec aussi ses saintes. À les entendre, Mère Nature est exaspérée, au bout du rouleau et au bord de la crise de nerfs. Jusqu'à présent, avec une infinie gentillesse maternelle, elle s'est laissée piller. Ce temps-là est révolu. Son clergé vert, monté sur ses ergots, nous annonce que la géante assoupie va bientôt se réveiller en furie, et déverser sur nous sa colère noire. Au-dessus de nos têtes, les nuages s'amoncellent, pleins de fureur. Le temps de la vengeance est venu. L'humanité irresponsable ajoute trop de saccages naturels à trop de pillages des ressources. Aujourd'hui, la nature n'en est qu'à de petits éternuements agacés. Des feux de forêts ici, des océans déchaînés là. Un peu partout des fleuves font des cauchemars aquatiques et sortent de leurs lits. Mais tout cela n'est rien comparé à la grande colère de Gaia qui vient, à son ébrouement gigantesque qui est sur le point d'arriver, à son agacement furibard. En 2050, nous dit l'écolo-prophète de malheur Yves Cochet, la moitié de l'humanité actuelle périra. La guerre de tous contre tous sera de mise pour obtenir les dernières ressources naturelles disponibles.

Damien Le Guay est philosophe. Il est notamment l'auteur du *Fin mot de la vie. Contre le mal mourir en France* (Cerf, 2014).
› damien.le-guay@orange.fr

Et comme nous restons encrassés dans nos mauvaises habitudes, incapables de prendre la mesure de la catastrophe qui vient, cette religion, de bonne grâce, vient de nous envoyer, en dernier recours, une sainte venue des pays froids. Oui, une « sainte » (selon l'expression de Yann Arthus-Bertrand), reconnue par les grands cardinaux de l'écologie, promus par des médias amourachés de Greta Thunberg-Iceberg – médias vecteurs de propagation (pour ne pas dire de propagande) de cette urgence au bord du gouffre. Une sainte en colère, une gamine à la triste mine, une sainte-nitouche cathodique qui, de micro en caméra, engueule les puissants, enguirlande les paresseux, vitupère contre les tièdes des demi-mesures et, d'une manière générale, contre tous les membres de l'ancienne religion – la religion consumériste avec ses adeptes irresponsables de la folle croissance. Et en septembre dernier, à l'ONU, après avoir annoncé rien de moins que le « début d'une extinction de masse », avec sa tête des mauvais jours (qui est sa tête habituelle), elle ajoutait, courroucée, au bord de l'apoplexie : « Comment osez-vous ? Comment osez-vous ? » Les dirigeants sont responsables de tout. S'ils ne font rien, ils sont coupables. CQFD.

Est-elle venue du pays des rugueux Vikings, avec ses couettes à la Fifi Brindacier (autre héroïne suédoise, des années cinquante), pour augmenter notre compréhension de la situation, pour stimuler notre intelligence ? Non. Elle annonce la fin du monde. Elle est la sainte de la dernière chance, sœur Greta des Fins Imminentes. Ne réfléchissons plus, agissons ! Ne tergiversons plus, agissons ! Fini les palabres, agissons ! Dans son discours, elle met les adultes sous le regard plein de menaces des enfants indignés. Ainsi dit-elle à tous les dirigeants de nos démocraties : vous êtes tous sous le regard inquisiteur des jeunes qui « commencent à comprendre votre trahison ». Et ajoute-elle, à l'ONU, dans une mise en garde non dissimulée, « si vous choisissez de nous délaisser, je dis que nous ne vous le pardonnerons jamais ». Elle profère des menaces explicites d'un renversement des procédures démocratiques au profit d'une morale inflexible de l'innocence bafouée. Et dans un jeu médiatique sadomasochiste, la gamine à la mine patibulaire prend plaisir (un triste plaisir du châtiment mérité) à fouetter de ses récriminations les dirigeants du monde, quand ces derniers recevaient des paquets de quolibets et de « *shame on you* » sans broncher, comme s'ils acceptaient en pénitents contrits ces séances d'avanies publiques.

L'envoyée des cieux pollués

À quelle tradition la rattacher ? À celle, avant tout, des porte-parole millénaristes qui usent et abusent des vertus de la peur, qui prédisent l'imminence de l'arrêt cardiaque du monde et la future panne de tout et de tous pour mieux nous faire changer de comportement. Greta annonce l'effondrement total. Elle ne le fait pas de Patmos, comme saint Jean, mais de Stockholm. Elle dit voir l'apocalypse qui pointe à l'horizon. Que faire pour l'éviter ? Opérer, tous et chacun dans son coin, le grand retournement des cœurs, des consciences et des comportements pour apaiser les chaleurs excessives, le gonflement des océans et les torrents de boue qui vont nous submerger. Sérieuse comme une pythie des fins dernières, elle dit parler au nom de tous les jeunes du monde que les adultes trahiraient. Greta ne cesse de nous menacer tous : « Il ne faut pas sous-estimer la force des enfants en colère », disait-elle dernièrement. On la dirait prête à prendre la tête d'une nouvelle « croisade des enfants » – comme celle qui, en 1212, avec des milliers de chérubins en colère, s'en alla reconquérir la Terre sainte. Malheureusement, cette croisade se termina mal pour tous les enfants embrigadés. En incitant à la désobéissance scolaire, par cette « grève de l'école » du vendredi, elle dit exprimer la saine, pure et vigoureuse insurrection d'âme des bambins abîmés par la pollution du monde. À défaut d'apprendre en classe, ils défilent dans les rues. À défaut d'en savoir plus, ils protestent plus. Greta est l'héritière de la Jeanne d'Arc filmée en 1927 par Carl Dreyer (cinéaste danois – venu lui aussi du Nord glacé), avec cette même bouille ronde d'étonnement, ces mêmes yeux exorbités d'inquiétude et embrumés du malheur du monde. Jeanne-Greta, elle aussi, vit sa Passion vers une mort certaine – non pas la sienne, mais celle de l'humanité. Elle aussi est l'envoyée du ciel – elle des cieux pollués et non du paradis. Elle aussi s'oppose à tous les puissants, tous les juges orgueilleux, tous les évêques Cauchon du moment. Elle se place au centre de l'attention, en victime, pour mieux dénoncer les logiques infernales et apporter le salut à un monde en perdition.

Mais surtout, en voyant son innocence indignée et ses reproches incessants contre les richesses condamnables, comment ne pas penser à l'époque de Savonarole ? En son temps, à la fin du XVe siècle, ce dominicain dénonçait les puissants inconscients, le luxe ostentatoire des bourgeois, et tous les péchés des habitants de Florence qui les conduisaient à la catastrophe. Il exécrait ces mécréants de Médicis qui gouvernaient le monde sans s'en soucier et le corrompaient par toujours plus de richesses. Le prédicateur implacable se faisait aider par des enfants qui, habillés en blanc, avaient l'apparence des anges du dernier jour. Greta leur ressemble. Elle vient à pas de loup dans les assemblées exiger des comptes, tout en agonissant les adultes coupables de nombreux péchés contre la nature. Péché carboné de nos goinfreries consuméristes. Péché de profusion de biens matériels. Péché de pollution de l'air et de saccage des océans. Péché de kérosène des avions utilisés en excès. Péchés de gloutonnerie, de luxure – tous ces anciens péchés chrétiens recyclés en vert et qui sont tous des péchés mortels de la morale écologique. Sans repentir sincère, la mort est certaine. Alors, que fait Greta angélique ? Elle demande, de manière comminatoire, sans la moindre espièglerie juvénile, que chacun fasse, chacun dans son coin, d'immenses « bûchers des vanités » dans lesquels nous devrions jeter tous les objets inutiles qui nous encombrent et polluent la déesse Nature. Elle exige des contritions publiques, des renoncements de tous pour ne plus offenser Gaia. Le cardinal vert Arthus-Bertrand, tout en reconnaissant la sainteté de Greta, s'est cru obligé, à presque 75 ans, comme s'il était un vieux mandarin face aux nouveaux gardes verts de la révolution écologique, de reconnaître, dans ses usages personnels, avoir abusé des avions et des hélicoptères. Désormais, a-t-il juré, il ne prendrait plus l'avion et plus l'hélicoptère. L'ange Greta, avec son regard sans empathie, veut que nous jetions tous, dans les flammes purificatrices de ces nouveaux bûchers d'expiation, toutes nos vanités polluantes, tous nos objets de PNB excessif. Elle a le même sérieux que les assistants de Savonarole, la même incapacité à rire, à profiter des joies juvéniles, à s'amuser d'un rien. À 16 ans, elle est sinistre comme un croque-mort qui accompagne des funérailles – elle qui célèbre les obsèques de Dame Nature.

Ajoutons une dernière comparaison. Greta et tous ces activistes de la collapsologie écologique souhaitent financer leurs actions et en entreprendre de nouvelles. Greta est accompagnée, dans sa promotion médiatique, par le Climate Emergency Fund – animé par de grandes familles américaines, les Kennedy et les Getty, sans oublier Trevor Neilson, un autre milliardaire. Remuer les consciences, comme la jeune Suédoise le fait, considérer que les dirigeants « échouent à agir », alors qu'ils devraient en faire cent fois plus, les juger moralement coupable, les condamner sur le registre du bien et du mal revient, toujours et encore, à réinstaurer un catéchisme des peurs et donc des fautes morales, à en revenir à cette « pastorale de la peur » telle qu'analysée par Jean Delumeau pour l'Église du Moyen Âge. Et cette même Église catholique, à la Renaissance, quand elle s'est corrompue elle-même, pratiquait le « trafic des indulgences » – à savoir un échange d'argent contre une remise de peine et pour un allégement de la mauvaise conscience et la suppression de certains péchés. Quand Greta célèbre les funérailles de la planète, quand elle s'en prend aux hypocrites, que demande-t-elle ? De toute évidence, tous les activistes écologistes demandent d'acquérir une bonne conscience verte. Pourquoi alors donner ? « Pour protéger la nature et l'homme », indique la Fondation Nicolas Hulot. « Pour protéger l'environnement », indique le WWF France, et « protéger les espèces menacées ». Comment ne pas donner quand il s'agit de telles protections offertes ? L'ambition de ces associations est immense, même si, *de facto*, elles agissent surtout, par l'intermédiaire des médias, pour des « prises de conscience » et des interpellations vives de nos dirigeants. Ambition disproportionnée, avant tout médiatique, mais qui atteint le cœur de cible de l'écologie : le peuple des bobos urbains attachés malgré tout à leur petit confort de vie bourgeois et incapables de renoncer à la viande pour des graines de quinoa et des pommes bio moches. Ainsi revient, en sous-main, un gigantesque trafic d'indulgences. L'inflexible Greta nous menace des flammes éternelles du monde surchauffé et pour les éviter, sans rien changer à nos vies, l'argent coule à flots pour financer les actions des activistes.

Greta est une « sainte ». Elle nous donne mauvaise conscience alors même que nous refusons de renoncer à tous nos petits avantages particuliers, à notre confort de vie. Elle nous permet de tout condamner sans rien abandonner. Quand Juliette Binoche s'engage pour le climat, « le plus grand défi de l'histoire de l'humanité », dit-elle, elle reconnaît, « un peu honteuse », prendre toujours autant l'avion. Cette schizophrénie a un prix – celui de la bonne conscience soulagée par des dons à ceux qui nous disent de mieux agir pour la planète. Greta est « sainte » à notre place. Elle nous fouette. Nous la payons pour qu'elle continue de le faire. Quant à être nous-même vertueux de verditude, dans notre vie de tous les jours, attendons encore un peu qu'il soit trop tard pour ne plus rien pouvoir faire !

LES ENFANTS ONT-ILS UN POUVOIR ÉCONOMIQUE ?

› **Annick Steta**

Financièrement dépendants de leurs parents, les enfants ne semblent pas *a priori* en mesure d'exercer un pouvoir économique. Or nombre d'entreprises s'efforcent de les séduire, qu'ils aient ou non la capacité d'acquérir leurs produits. Ce paradoxe s'explique par le poids des enfants dans les décisions d'achat actuelles et futures. Dès leur plus jeune âge, ceux-ci sont constamment exposés à des messages commerciaux. Ce phénomène n'a cessé de prendre de l'ampleur depuis le début du XXe siècle. Mais il s'enracine dans des pratiques plus anciennes, dont le développement accompagna l'extension de la scolarisation et le recul du travail des enfants.

Jusqu'à la fin du XVIIIe siècle, l'essentiel des biens consommés ou utilisés par les enfants étaient confectionnés au sein du cercle familial : c'était le cas des produits alimentaires, des vêtements, des jouets… Sous l'effet des révolutions politiques qui secouèrent l'Amérique du Nord puis l'Europe au XVIIIe et au XIXe siècles, un lent mouvement de diffusion de l'instruction s'enclencha. En 1779, Thomas Jefferson, qui fut un des pères fondateurs des États-Unis, proposa que tous les enfants « libres » (non esclaves), garçons et filles, puissent bénéficier de trois années d'instruction financées par le contribuable. La Prusse, qui avait posé le principe de l'instruction obligatoire dès 1763, précisa dans le Code général pour les États prussiens de 1794 que « tout habitant qui ne peut ou ne veut pas faire chez lui l'éducation de ses enfants est tenu, lorsqu'ils ont 5 ans accomplis, de les envoyer à l'école ». Les autres États allemands prirent des dispositions similaires au XIXe siècle. En France, la loi du 28 mars 1882, adoptée sous l'autorité de Jules Ferry, imposa une obligation d'instruction aux enfants des deux sexes âgés de 6 à 13 ans. Au Royaume-Uni, une série de lois adoptées à partir de 1870 organisa les conditions de la scolarisation de 5 à 12 ans.

Indispensable à la formation des futurs citoyens, la démocratisation de l'instruction fut favorisée par la réduction du travail des enfants, qui ne suffisait pas pour assurer leur subsistance mais fournissait un revenu d'appoint aux familles. Le Factory Act de 1833 limita à quarante-huit heures hebdomadaires le travail des enfants dans les manufactures textiles du Royaume-Uni et interdit d'employer des enfants de moins de 9 ans. Sous la monarchie de Juillet, la loi du 22 mars 1841, dite loi Villermé, interdit le travail des enfants de moins de 8 ans et limita la durée de travail journalière des enfants âgés de 8 à 16 ans. Aux États-Unis, l'État du Massachusetts restreignit en 1842 à dix heures la durée de travail journalière des enfants de moins de 12 ans. En 1848, la Pennsylvanie fut le premier État américain à imposer au secteur manufacturier de n'employer des enfants qu'à partir d'un âge minimal – en l'espèce, 12 ans. Dans un premier temps, les représentants du secteur manufacturier et industriel considérèrent que de telles restrictions pèseraient sur leur rentabilité, voire mettraient en péril la poursuite de leur activité : les enfants étaient en effet payés nettement moins cher que les adultes. En réalité, ils comprirent rapidement l'intérêt qu'ils avaient à disposer d'une main-d'œuvre ayant bénéficié de quelques années d'instruction. À mesure que les processus de production se complexifièrent, il devint indispensable qu'une partie au moins du personnel sache lire, écrire et effectuer des calculs simples.

Annick Steta est docteur en sciences économiques.
› asteta@hotmail.fr

Seul le secteur manufacturier et industriel était concerné par l'encadrement du travail des enfants. Le recours à cette main-d'œuvre recula beaucoup plus lentement dans le secteur agricole et dans le secteur du travail domestique. En allégeant la charge financière représentée par les enfants, la généralisation des allocations familiales contribua significativement à faire de la scolarisation la norme au sein des classes d'âges les plus jeunes. En Allemagne, en Belgique et en France, ces prestations furent progressivement étendues à une large part de la population dans les années trente. Apparurent ainsi les premières générations d'enfants qui, toutes catégories sociales confondues, consacraient l'essentiel de leur temps à l'école et aux loisirs.

Après la Seconde Guerre mondiale, la période d'expansion économique des « trente glorieuses » se traduisit par une élévation du niveau de vie des ménages occidentaux. Celle-ci eut pour conséquence une évolution du rôle de l'enfant dans les décisions d'achat des ménages. Jusqu'à la seconde moitié du XXe siècle, les parents ou les membres de la famille ne demandaient que rarement l'avis des enfants à propos des dépenses qui les concernaient. Ces dernières étaient par ailleurs réalisées sous une forte contrainte budgétaire. L'accroissement de la part du budget des ménages disponible pour des dépenses discrétionnaires permit aux adultes de donner plus largement voix au chapitre à leur progéniture. Ce basculement fut facilité par l'existence de secteurs d'activité destinés à répondre aux besoins et aux désirs des enfants. Ceux-ci étaient apparus de part et d'autre de l'Atlantique entre la fin du XVIIIe siècle et le milieu du XIXe. C'est par exemple le cas de l'industrie du jouet, qui s'adressait initialement à une clientèle aisée avant d'étendre sa gamme de façon à se mettre à la portée de toutes les bourses. Les catalogues de jouets témoignent de cette évolution. Les plus anciens, qui datent du milieu du XIXe siècle, étaient souvent peints à la main. Vinrent ensuite ceux qu'éditèrent les grands magasins, qui furent concurrencés puis supplantés par les catalogues de vente par correspondance d'enseignes généralistes ou spécialisées (1). Il en va de même de l'industrie du prêt-à-porter pour enfant. Dès le début du XXe siècle, les entreprises ciblant la clientèle enfantine mirent au point des techniques de vente visant à encourager l'expression des désirs de l'enfant sans contrarier le parent accompagnateur, qui était généralement la mère. La mise en œuvre de politiques commerciales ayant pour objectif de créer un lien affectif entre l'enfant et une marque ou une enseigne est plus ancienne encore.

Les grands magasins, dont les premiers spécimens ouvrirent leurs portes au XVIIIe siècle et qui prirent leur essor au siècle suivant, offraient aux enfants des images et des ballons portant le nom de l'enseigne. Certaines marques distribuèrent elles aussi massivement des images que les enfants prenaient plaisir à collectionner. À la fin du XIXe siècle, la chocolaterie Poulain commença à glisser des « images instructives » dans l'emballage des tablettes de chocolat (2). En 1900, plus de 127 millions d'images Poulain furent diffusées, soit 350 000 par jour ! Les entreprises cherchaient ainsi à fidéliser la clientèle enfantine ainsi qu'à associer leur nom à un moment de détente ou de loisir.

Le poids des enfants dans les décisions d'achat des ménages

À partir du milieu des années soixante, la baisse brutale de la fécondité dans les pays occidentaux eut pour conséquence une réduction de la taille des ménages. Coïncidant avec une période de croissance économique, le resserrement de la famille autour d'un petit nombre d'enfants – généralement un ou deux – autorisa un accroissement de la part du revenu du foyer consacrée à chacun d'entre eux. Ce moment constitua une étape-clé dans le renforcement du pouvoir économique des enfants. Si les entreprises s'intéressent à eux, c'est tout d'abord parce qu'ils disposent de leur propre pouvoir d'achat. Une étude réalisée en juin 2018 par l'institut GfK pour AXA Investment Managers a montré que les enfants de 8 à 15 ans recevaient alors en moyenne 7,83 euros d'argent de poche par semaine en France, contre 11,42 euros en Espagne, 11,90 euros en Italie, 14,57 euros au Royaume-Uni, 15,79 euros à Singapour et 19,53 euros à Hongkong. À l'argent de poche s'ajoutent les sommes gagnées en rendant de menus services au sein du foyer ou à des proches ainsi que celles, plus conséquentes, offertes à l'occasion d'un événement particulier (anniversaire, fêtes de fin d'année, succès scolaire…). Les enfants dépensent cet argent pour s'offrir de petits plaisirs (boissons et aliments, vêtements et accessoires, cosmétiques, sorties) ou le thésaurisent pour financer des achats plus importants.

Le pouvoir d'achat direct des enfants, qui a été estimé à plus d'un milliard d'euros par an en France, ne représente qu'une petite partie des dépenses sur lesquelles ceux-ci exercent une influence. Plus de 90 % des parents disent tenir compte de l'avis de leurs enfants lorsqu'ils prennent une décision d'achat. Selon une enquête réalisée en 2017 en France par la société d'études Opinea, les enfants de 6 à 12 ans sont ceux qui prennent la plus grande part aux décisions d'achat du foyer. L'influence des enfants est variable selon les catégories de biens : elle est particulièrement forte en ce qui concerne les produits textiles et alimentaires. Mais ils sont également consultés lorsqu'un achat onéreux est envisagé. En ce cas, leur rôle dans la prise de décision est nettement moindre : seuls 10 % des pères et 4 % des mères leur demandent leur avis quand ils envisagent d'acquérir une voiture.

Les entreprises s'intéressent enfin aux consommateurs que les enfants deviendront lorsqu'ils seront adultes. Les habitudes de consommation prises dans l'enfance persistent en effet largement à l'âge adulte. D'où l'intérêt pour les entreprises d'imprimer leur marque dans l'imaginaire des enfants. Un article de recherche publié en 2010 a montré que les enfants âgés de 3 à 5 ans sont capables de reconnaître les noms et les symboles de différentes marques visant cette clientèle, au premier rang desquelles McDonald's (3). Afin de conquérir les plus jeunes enfants, les entreprises n'hésitent pas à recourir à des personnages incarnant les marques, qui sont utilisés dans leur communication et imprimés sur les emballages de leurs produits : la Vache qui rit, la vache Milka, Mamie Nova et le bonhomme Michelin font partie des plus populaires d'entre eux.

De façon à capter l'attention des enfants, les entreprises multiplient les canaux par lesquelles elles entrent en contact avec eux. L'évolution des modes de consommation des médias leur a notablement compliqué la tâche : en raison de l'augmentation du nombre d'écrans dont disposent les membres d'un foyer, les marques doivent être présentes à tout moment, en tout lieu et sur tous les supports. Les enfants ne sont plus guères friands des médias de masse – à l'exception des plus jeunes d'entre eux, qui regardent souvent la télévision en famille. Ils sont par ailleurs peu sensibles aux messages publicitaires unidirectionnels : ces derniers permettent simplement de leur faire connaître l'existence d'une marque. D'où la nécessité pour les entreprises de développer des techniques marketing très sophistiquées. Pour connaître les caractéristiques et les comportements de la clientèle enfantine, elles sont devenues omniprésentes sur Internet, où elles interviennent de différentes manières. Elles s'emploient tout d'abord à entrer en communication avec les enfants par le biais des réseaux sociaux ou de sites créés à leur intention. De manière à renforcer les liens avec ces jeunes consommateurs, les marques sollicitent leur avis, organisent des jeux, lancent des concours... Pour pouvoir participer à ces différentes activités, les enfants ont fréquemment l'obligation de donner un certain nombre d'informations personnelles. À celles-ci s'ajoutent les traces numériques qu'ils laissent derrière eux. L'ensemble de ces éléments permet aux entreprises concernées d'affiner leur stratégie commerciale.

Les marques ont également recours à des « influenceurs », sur Internet comme dans le monde réel. Sur la plate-forme d'hébergement de vidéos YouTube, des chaînes « familiales » mettent en scène des enfants ou des adolescents vantant les qualités de divers produits. Si les créateurs de ces chaînes gagnent de l'argent, c'est parce que la plate-forme les rémunère en fonction de leur audience. Certains ont véritablement fait fortune. En novembre 2019, la chaîne Ryan's World, animée par un Américain de 8 ans, Ryan Kaji, comptait plus de 20 millions d'abonnés et avait enregistré 30 milliards de visionnages. Les gains de cet enfant se sont élevés à 22 millions de dollars en 2018, faisant de lui le youtubeur le mieux rémunéré du monde. Les marques se montrent particulièrement généreuses à l'égard des influenceurs dont les vidéos sont les plus regardées : elles leur offrent des produits à tester et les invitent à participer à des événements lors desquels ils pourront rencontrer artistes ou sportifs. À l'heure actuelle, cette activité n'est pas réglementée en France : les enfants qui s'y livrent ne bénéficient d'aucune forme de protection juridique, contrairement aux enfants artistes. Se pose également la question des conséquences de cette exposition médiatique sur le développement psychologique des enfants (4). Certaines entreprises confient par ailleurs des produits à des enfants très populaires parmi leurs camarades de classe de façon à inciter ces derniers à acquérir les mêmes biens. Elles jouent de la sorte sur deux ressorts extrêmement puissants chez les *tweens* (ceux qui sont entre – *between* – l'enfance et l'adolescence) : le recours à des marques pour construire leur identité sociale et le besoin d'appartenance à un groupe. Les marques peuvent enfin être directement présentes dans l'enceinte scolaire. En France, le principe de l'interdiction de la publicité commerciale à l'école a été posé par une circulaire du 19 novembre 1936. Publié au *Bulletin officiel du ministère de l'Éducation nationale et du ministère de la Recherche* du 5 avril 2001, un « code de bonne conduite des interventions des entreprises en milieu scolaire » a toutefois donné aux entreprises la possibilité de conclure des partenariats avec les établissements scolaires et les a autorisées à faire figurer marques ou logos sur des documents ou des outils pédagogiques distribués aux élèves.

Le pouvoir économique des enfants s'est accru à mesure que se renforçait leur rôle dans les décisions d'achat des ménages. Dans des sociétés qui vouent un culte à la jeunesse et cherchent à abattre les frontières de l'âge, leur influence est appelée à grandir. Beaucoup s'en inquiètent, au motif notamment que les entreprises sauraient parfaitement les manipuler et tireraient un profit maximal d'une cible jugée vulnérable. En réalité, les enfants d'aujourd'hui, qui évoluent dès leur naissance dans un univers dominé par une imagerie commerciale (5), savent très tôt identifier les messages commerciaux et en sont de moins en moins dupes. Le mouvement actuel en faveur d'une économie plus respectueuse de l'environnement, qui est largement porté par les jeunes générations, pourrait d'ici peu contraindre de nombreuses entreprises à modifier leur gamme de produits. Car les enfants du capitalisme ont parfaitement compris le fonctionnement du marché : ils savent qu'à tout moment le consommateur peut reprendre le pouvoir.

1. Sur l'histoire des catalogues de jouets, voir : Claude Duneton, *Au plaisir des jouets. 150 ans de catalogues*, Hoëbeke, 2005.
2. Philippe Testard-Vaillant, « Les enfants du marketing. Entretien avec Valérie-Inès de la Ville », CNRS. Le Journal, 13 juillet 2018, https://lejournal.cnrs.fr/articles/les-enfants-du-marketing.
3. Anna R. McAlister et T. Bettina Cornwell, « Children's brand symbolism understanding: links to theory of mind and executive functioning », *Psychology & Marketing*, vol. 27, n° 3, mars 2010, p. 203-228.
4. Arthur Le Denn, « Enfants youtubeurs : poussins aux jeux d'or », *Libération*, 22 août 2018.
5. Il suffit pour s'en convaincre de constater le soin avec lequel les fabricants conçoivent les emballages des couches pour enfants : ceux-ci sont couverts de jolis logos, de ravissants bébés et de charmants animaux.

LITTÉRATURE

GRAMSCI INTERPRÈTE LA FRANCE

› **Sébastien Lapaque**

Qu'est-ce qui fait boiter Emmanuel Macron ? « L'illusion du bloc bourgeois », ont à leur manière prédit Bruno Amable et Stefano Palombarini dans un vif petit livre (1) publié à la veille de l'élection présidentielle de 2017 et réédité en version augmentée en septembre 2018, quelques semaines avant le déclenchement du mouvement des « gilets jaunes ». À suivre ces deux économistes français, les anciens blocs sociaux de droite et de gauche, qui ont structuré la vie politique française tout au long du XXe siècle, ont bel et bien volé en éclats dans les années quatre-vingt, la « décennie » cartographiée par François Cusset (2).

« La fracture du bloc de gauche en France a été le produit délibéré de l'action de la "deuxième gauche", qui identifiait dans la composante ouvrière de l'alliance un obstacle à l'action "modernisatrice" dont elle se sentait investie. (3) » À droite, l'éclatement de l'alliance sociale formée après la Seconde Guerre mondiale à l'ombre de la croix de Lorraine est venu de l'attraction idéologique produite sur la bourgeoisie nationale et les couches technocratiques supérieures par les révolutions néolibérales conduites par Margaret Thatcher au Royaume-Uni à partir de 1979 et par Ronald Reagan aux États-Unis à partir de 1981. La fascination pour la Californie et le mythe de la Silicon Valley ont éloigné les classes moyennes supérieures et la « bourgeoisie du surtemps » (4) des catégories populaires traditionnellement liées au travail indépendant, artisans, commerçants et paysans, qui attendent de l'État qu'il exerce un rôle protecteur.

La « réunification de la bourgeoisie » dont parle l'analyste politique et sondeur Jérôme Sainte-Marie dans *Bloc contre bloc, la dynamique du macronisme* (5) a bien eu lieu, mais elle s'est faite sur des bases trop étroites pour imposer durablement l'hégémonie de ce que les bardes du président de la République ont nommé « le nouveau monde ». « C'est autour du soutien de la participation française à l'Union européenne que Macron a construit sa base sociale et sa victoire électorale », notent Bruno Amable et Stefano Palombarini (6). Or la zone euro croupit dans le chômage, la stagnation et la déflation et les inconditionnels de l'Union sont toujours moins nombreux. On les retrouve généralement au sein du « bloc MAZ » (classes moyennes, personnes âgées, « catholiques zombies »), qu'Emmanuel Todd a peut-être imprudemment qualifié d'« hégémonique » (7), même si le corps électoral français est composé de 35 % de personnes âgées de plus de 65 ans. « Le bloc élitaire exerce un pouvoir immense tout en reposant sur une adhésion minoritaire dans l'opinion et un vote largement par défaut dans les urnes », assure Jérôme Sainte-Marie (8).

Sébastien Lapaque est romancier, essayiste et critique au *Figaro littéraire*. Il collabore également au *Monde diplomatique*. Son recueil *Mythologie française* (Actes Sud, 2002) a été récompensé du prix Goncourt de la nouvelle. Dernier ouvrage publié : *Théorie de la bulle carrée* (Actes Sud, 2019).
› slapaque@gmail.com

Ces concepts de bloc historique et d'hégémonie renvoient directement aux travaux de l'écrivain, théoricien politique et philosophe italien Antonio Gramsci, secrétaire du Parti communiste italien, député de Vénétie au Parlement, arrêté à Rome le 8 novembre 1926 et condamné à vingt ans, quatre mois et cinq jours de réclusion le 4 juin 1928 pour conspiration, incitation à la guerre civile et à la haine de classe. « Nous devons empêcher ce cerveau de fonctionner pendant vingt ans », avait juré le procureur fasciste Michele Isgrò en demandant sa condamnation. Gramsci n'est jamais sorti de prison, il est mort le 27 avril 1937 à Rome, à l'âge de 46 ans, après de longs mois de douleurs et d'amertume. Mais durant ses onze années de détention, au cours desquelles il a eu très peu de contacts avec le monde extérieur, à aucun moment son cerveau n'a cessé de fonctionner.

En prison, le philosophe issu de la petite bourgeoisie sarde – et non d'une famille de paysans pauvres comme le Parti communiste italien l'a prétendu après-guerre – a entretenu une correspondance importante, notamment avec sa belle-sœur, Tatiana Schucht (9) et a rempli de son écriture minuscule trente-trois cahiers d'écolier restés comme un monument des sciences humaines au XXe siècle. Ces deux mille pages, qui traitent non seulement de politique et de culture mais également d'économie, de philosophie, d'histoire, de littérature, de sociologie, de philologie et de linguistique, ont marqué l'histoire de la pensée. Elles révèlent un héritier de la grande tradition humaniste italienne – car l'ancien étudiant à la faculté de lettres de Turin ne révoque ni l'idée d'héritage ni celle de tradition –, en quête perpétuelle, passionné par le droit canon, la diplomatie, l'art de la guerre, la question des intellectuels, le roman-feuilleton, les jurisconsultes français du XVIe siècle, les folklores régionaux et « la conception américaine de la vie » (10). On a parfois reproché à Karl Marx d'être le penseur de la technique et pas celui de la vie ; ce grief ne peut pas être fait à Antonio Gramsci.

Sous la direction de Palmiro Togliatti, le secrétaire général du Parti communiste italien (PCI) exilé à Moscou entre 1926 et 1937 puis en Espagne jusqu'en 1944, une première édition des *Cahiers de prison* a paru en Italie entre 1948 et 1951, en sept volumes thématiques : *Le Matérialisme historique et la philosophie de Benedetto Croce*, *Les Intellectuels et l'organisation de la culture*, *Le Risorgimento*, *Notes sur Machiavel*, *Sur la politique et sur l'État moderne*, *Littérature et vie nationale*, *Le Passé et le présent*. Adaptée en France en 1959 (11), cette édition aux relents staliniens a familiarisé toute une génération de militants occidentaux avec les concepts fondamentaux de la pensée d'Antonio Gramsci : hégémonie, État intégral, guerre de mouvement et guerre de position, révolution passive, philosophie de la praxis, bloc historique, césarisme, épisodes conjoncturels et crise organique.

Benito Mussolini, qui avait rencontré Antonio Gramsci à Turin avant 1914 au sein du mouvement socialiste, n'avait pas tort de voir en lui « un petit bossu, extraordinairement intelligent et malin » (12). Le Duce avait eu l'occasion de vérifier cette intelligence, le 16 mai 1925, dans l'enceinte du palais Montecitorio, siège de la Chambre des députés italienne, quand Antonio Gramsci avait pris la parole en sa présence pour défendre les libertés publiques, y compris celles de la bourgeoisie libérale – le *Corriere della Sera* et la franc-maçonnerie – contre l'État fasciste en train de durcir ses positions.

> « Gramsci – En réalité, le fascisme lutte contre la seule force efficacement organisée que la bourgeoisie ait eu en Italie *[la franc-maçonnerie]*, pour la supplanter dans les postes que l'État confie à ses fonctionnaires. La révolution fasciste n'est que la substitution d'un personnel administratif à un autre.
> Mussolini – D'une classe à une autre comme cela s'est passé en Russie, comme cela se passe dans toute révolution, comme nous le ferons méthodiquement !
> Gramsci – Il n'est de révolution que celle qui s'appuie sur une classe nouvelle. Le fascisme ne s'appuie sur aucune classe qui n'ait déjà été au pouvoir. (13) »

Le député de Vénétie lisait le français, connaissait parfaitement l'histoire de notre pays, ses contrariétés et ses insuffisances, les violences qui l'avaient rythmée. Son intérêt pour la tradition libérale et sa capacité à la défendre faisaient de lui un marxiste paradoxal. Arrêté en novembre 1926, après la suppression de toutes les apparences de la légalité par Benito Mussolini, Antonio Gramsci, qui se croyait protégé par son immunité parlementaire, s'est brutalement retrouvé privé des moyens d'une vie intellectuelle pleine et bonne, à l'exception de quelques publications qu'il avait le droit de recevoir en prison – dont la *Revue des Deux Mondes*, qu'il cite assez souvent, en interprète passionné de la France. À la philosophie classique allemande et à l'économie politique anglaise – ou marxienne – il préférait la science politique française, qu'il a étudiée en prison avec la « fureur héroïque » (14) d'un penseur privé de liberté :

> « La France fournit un type complet de développement harmonique de toutes les énergies nationales et particulièrement des catégories d'intellectuels. Lorsque, en 1789, un nouveau regroupement social émerge politiquement à la surface de l'histoire, il est entièrement pourvu de toutes ses fonctions sociales et c'est pourquoi il lutte en vue de la domination totale de la nation, sans en venir à des compromis essentiels avec les vieilles classes, mais au contraire en les subordonnant à ses fins. Les premières cellules intellectuelles du type nouveau naissent avec les premières cellules économiques : l'organisation de l'Église elle-même en subit l'influence (gallicanisme, luttes très précoces entre l'Église et l'État). Cet édifice intellectuel massif explique la fonction de la culture française aux XVIIIe et XIXe siècles, fonction d'irradiation internationale et cosmopolite, et d'expansion à caractère d'impérialisme et d'hégémonie. (15) »

D'un siècle à l'autre, il n'est pas absurde d'employer quelques clés proposées par Antonio Gramsci pour déchiffrer l'histoire de France, particulièrement à un moment de modernisation conservatrice où l'État apparaît plus que jamais comme le lieu de cristallisation d'un rapport de force – pour ne pas employer l'expression « lutte des classes » qui vient pourtant de la tradition libérale française. Ce moment, le philosophe le nomme « révolution passive », l'un des concepts les plus intéressants de sa pensée, à rapprocher avec celui de despotisme éclairé. Avec ses exemples et ses statistiques, le livre de Jérôme Sainte-Marie pose les mêmes questions que le prisonnier de la prison de Turi. « Le problème est le suivant : une rupture entre les masses populaires et l'idéologie dominante *[...]* peut-elle être "guérie" par le pur exercice de la force qui empêche les nouvelles idéologies de s'imposer ? L'interrègne, la crise à laquelle on refuse ainsi une solution historique normale, se résoudra-t-elle nécessairement en faveur d'une restauration de l'ancien ? (16) » Dans l'histoire de France contemporaine, l'ancien, c'est le jeu droite-gauche et la puissance des signifiants qui lui est associé, auxquels Bruno Amable et Stefano Palombarini reviennent de manière surprenante dans la conclusion de leur livre. Jérôme Sainte-Marie, lui, se pose résolument du côté d'Antonio Gramsci : même si le nouveau n'est pas encore né, l'ancien est mort. Définitivement.

1. Bruno Amable et Stefano Palombarini, *L'Illusion du bloc bourgeois, alliances sociales et avenir du modèle français*, Raisons d'agir, 2018.
2. François Cusset, *La Décennie. Le grand cauchemar des années 1980*, La Découverte, 2006.
3. Bruno Amable et Stefano Palombarini, *L'Illusion du bloc bourgeois*, *op. cit.*, p. 9.
4. Jean-Claude Milner, *Le Salaire de l'idéal. La théorie des classes et de la culture au XXe siècle*, Seuil, 1997, p. 50.
5. Jérôme Sainte-Marie, *Bloc contre bloc, la dynamique du macronisme*, Cerf, 2019.
6. Bruno Amable et Stefano Palombarini, *L'Illusion du bloc bourgeois*, *op. cit.*, p. 177.
7. Cf. Hervé Le Bras et Emmanuel Todd, *Le Mystère français*, Seuil, 2013, pour la définition du « catholicisme zombie » et Emmanuel Todd, *Qui est Charlie ? Sociologie d'une crise religieuse*, Seuil, 2015, pour l'analyse du « bloc MAZ ».
8. Jérôme Sainte-Marie, *Bloc contre bloc*, *op. cit.*, p. 275.
9. Cf. Antonio Gramsci, *Lettres de prison*, traduit par Hélène Albani, Christian Depuyper et Georges Saro, Gallimard, coll. « Témoins », 1971.
10. Cf. Sébastien Lapaque, « Gramsci (Antonio) » *in* Emmanuel de Waresquiel (dir.), *Le Siècle rebelle, dictionnaire de la contestation au XXe siècle*, Larousse, 1999, p. 245.
11. Cf. Antonio Gramsci, *Œuvres choisies*, traduit et annoté par Gilbert Moget et Armand Monjot, Éditions sociales, 1959, préface de Georges Cogniot, philosophe, rédacteur en chef de *L'Humanité* et sénateur communiste de la Seine.
12. Selon le témoignage de Pietro Tresso, fondateur du Parti communiste italien avec Antonio Gramsci et Amadeo Bordiga, exclu pour trotskisme en 1930 et assassiné le 27 octobre 1943 sur ordre de Staline au sein du Camp Wodli, un maquis de francs-tireurs partisans (FTP) de Haute-Loire.
13. Cf. Antonio Gramsci, « La loi sur les associations secrètes », in *Écrits politiques*, tome III, *1923-1926*, édition de Robert Paris, traduit par Marie-Gracieuse Martin-Gistucci, Gilbert Moget, Robert Paris et Armando Tassi, Gallimard, coll. « Bibliothèque de philosophie », 1980, p. 171-173.
14. Cf. Giordano Bruno, *Degli Eroici Furori. Des fureurs héroïques* in *Œuvres complètes*, tome VIII, traduit par Paul-Henri Michel, Les Belles Lettres, 2008.
15. Antonio Gramsci, *Cahier de prison* n° 12, § 3.
16. Antonio Gramsci, *Cahier de prison* n° 3, § 34.

PRISCILLA ÉPOUSE UN COMTE ANGLAIS MADÉRISÉ

› **Marin de Viry**

Priscilla – Marius, je t'ai convoqué pour t'informer que j'ai tiré les conséquences de ton incapacité à constituer ce nid d'amour, cette plate-forme d'organisation et ce lieu d'intelligence à partir desquels je me serais envolée vers les supersphères de la célébrité intellectuelle et de l'influence politique.

Marius – …Tel un vol de gerfaut femelle hors du charnier conjugal.

Priscilla – N'ironise pas, Marius. J'ai quelque chose d'important à te dire. Ta défaillance en tant que partenaire potentiel m'incite à épouser Archibald. Je suis très amoureuse d'Archibald, qui répond à 99 % de mes critères.

Marius – Ah, c'est pour ça que tu m'as convoqué dans ce château immense et ridicule ! Tu veux me présenter ton plan B.

Priscilla – Marius, cette pensée est déshonorante et tu ne perds rien pour attendre. Archibald est le 37e comte de Cornsex. Nous sommes ici dans le château de mon fiancé. D'ailleurs, le voilà.

Marius – Bonjour, Archibald.

ARCHIBALD – Hai hai hai hai haive…

MARIUS *(à Priscilla)* – Il suffoque ? Il est tout blanc.

PRISCILLA – Non, il veut dire « *Have we met before ?* », car tu l'as appelé par son prénom. Il est très choqué. Il faut que tu lui montres que tu le connais, d'une façon ou d'une autre. Dépêche-toi.

MARIUS – Tu n'as qu'à lui dire que c'est un fait attesté que mon ancêtre Hugonet de Vizy a éventré George Cornsex à la bataille de Castillon.

PRISCILLA – Ah, parfait… Ouf, il s'épanouit. Un garçon dont l'ancêtre a éventré le sien ne saurait qu'être du même monde.

MARIUS – Voilà. Dis-moi : Archibald et toi, vous vous connaissez depuis longtemps ? Je n'en avais jamais entendu parler.

PRISCILLA – Nous étions à Oxford ensemble. Il ramait, je lisais Marx.

MARIUS – Ça rapproche. Cela dit, il n'a plus l'air de ramer beaucoup...

PRISCILLA – Chez les gens vraiment élégants, on arrête de ramer et on passe définitivement au porto à 20 ans.

MARIUS – Ah. D'où son aspect madérisé. Donc, raconte-moi votre histoire d'amour, je me prépare à vivre des émotions décisives. Oh, attends, regarde, une forme bouge et grince, au fond de la galerie… Qu'est-ce que…

ARCHIBALD – Ve dodo, ve dodo, ve dodo…

MARIUS *(à Priscilla)* – Oulala, il est tout rouge, ton jules. Qu'est-ce qu'il dit ?

PRISCILLA – Il veut dire « *The dowager baroness !* » La forme au fond du couloir, à cinquante mètres, c'est ma future tante par alliance dans son fauteuil roulant, la baronne douairière. Ils sont fâchés depuis qu'elle a engagé de l'argent de famille dans une obligation en bitcoins pour financer l'industrie nucléaire iranienne. Ouf, elle tourne à gauche.

Marin de Viry est critique littéraire, enseignant en littérature à Sciences Po. Dernier ouvrage publié : *Un roi immédiatement* (Pierre Guillaume de Roux, 2017).
› marininparis@yahoo.fr

MARIUS – Mais Priscilla, c'est dans ce château que tu vas penser, écrire, élaborer ta théorie politique à base de patriotisme constitutionnel porté par des hermaphrodites fervents ? Je trouve qu'ici l'ambiance est plus familiale et traditionnelle qu'intellectuelle et progressiste. Ton arrière-grand-père par alliance troussait les filles de ferme et pendait des gens tranquillement. Tu es très mignonne en kilt, tu sais, mais j'ai du mal à trouver le facteur de cohérence entre ton projet politique très contemporain, issu de ton immense narcissisme cérébral et de ton conformisme exagéré envers les modes intellectuelles, et le mode de vie d'une comtesse qui compte ses Rubens et élève ses poules.

PRISCILLA – D'abord, arrête de me dire que je suis divine en kilt, tu me fais penser à Patrick, qui…

Archibald – Sssss, sssss, sssss, ssssomme…

MARIUS *(à Priscilla)* – Voilà que ça le reprend ! Il est tout vert et il siffle douloureusement.

PRISCILLA – C'est normal. J'ai prononcé le nom de Patrick. Or je n'ai pas présenté Patrick à Archibald. Archibald veut dire : « *Someone we know?* » Il me signifie indirectement que j'ai commis un impair, qui est de parler de quelqu'un qu'il ne connaît pas, et qui n'appartient donc pas à notre cercle. Il me rappelle qu'il ne saurait être question dans un monde bien fait d'évoquer Patrick avant qu'il lui ait été présenté et qu'il l'ait agréé. Comtesse, c'est un métier...

MARIUS – En clair, Archibald est terriblement chiant. Je parlais de tes jambes sous ton kilt…

PRISCILLA – Attends, si tu vas par là, je vais demander à Archibald de se préparer pour le dîner.

MARIUS – Mais il n'est que 5 heures et il est déjà très élégant !

PRISCILLA – Nous dînons à 6 heures et demie et Archibald ne porterait jamais un simple costume pour le dîner. Et puis, il fait ce que je lui demande.

MARIUS – Salut Archi !

PRISCILLA – Marius, à mon grand étonnement tu importes un peu de ces manières françaises, rudes et républicaines, qui heurtent Archibald. Il faut que tu corriges ça. À moins que tu ne le fasses exprès, par dépit. Il est parti contrarié. Remarque, il va oublier.

MARIUS – Ah, c'est pour ça qu'il a l'air de marcher en crabe dans la galerie. Priscilla, revenons aux fondamentaux. Tu es ivre de toi-même et cette ivresse te fait prendre un fiancé bègue, coincé, ivrogne, qui utilise ce qui lui reste de neurones pour affirmer une immobilité imbécile fondée sur le respect miraculeux par la population locale des abus ancestraux dont il jouit, pour un jules présentable. Tu t'imagines avec ce colin mariné au porto à Harvard pendant que tu converses avec un professeur de philosophie politique séfarade, un vrai mec ? Attends, si je reprends : bègue, coincé, ivrogne, méchant et crétin. Sous tout ça, il prétend être élégant alors qu'il ne fait qu'observer les portraits de ses ancêtres pour s'habiller !

Priscilla – Marius, tu te fourvoies entièrement. Archibald est brillant. Si tu avais lu sa thèse sur la métaphore du jupon chez Stendhal, soutenue à Oxford... C'est vraiment un chef-d'œuvre académique, avec ce ton d'une liberté et d'une simplicité... Il danse avec son objet de recherche, c'est merveilleux.

Marius – Euh... À ce détail près que Stendhal ne parle jamais de jupon. Mais c'est probablement une remarque vulgaire.

Priscilla – Évidemment, c'est une remarque vulgaire ! Archibald a inventé que Stendhal évoquait les jupons, car il ne voulait pas se donner la peine d'étudier les sources directes comme le commun des doctorants. Sa thèse était un ouvrage d'imagination ; c'est ça qui a établi sa formidable réputation. Il est constamment sollicité par le parti conservateur pour prendre le portefeuille de la négociation culturelle du Brexit. Personne ne l'a jamais vu dans une bibliothèque, il aurait dérogé.

Marius – Et quelle note a-t-il obtenu à cette sorte de brillante méta-thèse loufoque ?

Priscilla – En France vous diriez zéro. Mais dans le système anglais on ne traduit pas cette note. Toujours est-il qu'il l'a passée brillamment. Il était ivre et arrogant à sa soutenance, comme il se doit pour un homme de condition.

Marius – Et ce chef-d'œuvre date de... ?

Priscilla – D'il y a quinze ans.

Marius – Oui, c'est raccord. Quinze ans que multiplient trois cent soixante-cinq jours que multiplient un litre et demi de porto par jour, et le gars ne sait plus aller au bout du premier tiers de sa phrase et zigzague dans les couloirs de son château. Tu vas voir qu'il va rater la porte. Quatre-vingts hectolitres de porto, Priscilla ! Personne ne peut filtrer ça. Quand tu le rejoins dans son lit, tu n'as pas l'impression de plonger dans une piscine de vin cuit ?

PRISCILLA – Mais je ne vais pas dans son lit, quelle idée absurde ! Et puis j'ai appris à décoder les débuts de phrase d'Archibald, comme tu l'as vu. Il n'en a guère qu'une quinzaine, qui répondent à peu près à toutes les situations de l'existence dans ce château, qu'il ne quitte pas.

MARIUS – Remarque, avoir un mari un peu moins malin qu'un robot aspirateur, ça se plaide. Sous ta folie, il y a une femme qui calcule juste.

PRISCILLA – Arrêtons là ces considérations générales. J'épouse Archibald en mai…

MARIUS – Un oriflamme LGBT claquera sur la poterne du château, ta ta ta…

PRISCILLA – Marius ! Un peu de sérieux… Je voulais également t'entretenir de la postérité d'Archibald. En tant que comtesse de Cornsex, je pousse les ambitions dynastiques de ma maison…

MARIUS – Eh ben, tu fais bravement un bébé à Archibald, où est le sujet ?

PRISCILLA – Ah non, plutôt avec sa jument !

MARIUS – OK, pas de bébé avec Archibald. Déjà que tu vas t'emmerder ici, si en plus tout le bourg pourri met la pression pour que tu aies un bébé…

PRISCILLA – Justement. La problématique est double : avoir un bébé et ne pas m'emmerder.

MARIUS – Je sens que notre conversation va basculer dans la conspiration criminelle.

PRISCILLA – Non, elle va porter sur l'ajustement pragmatique aux conditions nouvelles de mon existence. Donc, d'abord, pour m'éviter de m'emmerder, tu vas venir trois jours par semaine au château. J'enverrai une Bentley te chercher à la gare. La chambre d'Archibald est dans l'autre aile. Tu auras une chambre d'invité, pour la forme. Entre ta chambre d'invité et ma chambre, il y a celle de la baronne douairière. Elle s'endort à 9 heures car j'ai progressivement doublé sa dose de gin. Quand elle ronfle (je l'entends dans ma chambre à travers le mur), c'est que la voie est libre. À 9 h 15, tu me rejoindras. Si tu croises dans le couloir le fantôme de Lady Mosley, une amie de la famille, tu fais le salut fasciste et elle disparaît en faisant la révérence, ça se passe très bien. Et nous passerons des nuits merveilleuses où je te raconterai l'accueil qu'aura reçu ma dernière communication à la London School of Economics, ou alors je te lirai mon projet d'article encourageant la création d'un soviet insurrectionnel d'épouses d'industriels de la Côte ouest, enfin je te passionnerai avec mes travaux intellectuels, m'alanguissant vers 3 heures du matin dans une méridienne à col de cygne. L'intérêt de cette maison, c'est qu'on peut y commander des œufs en meurette au milieu de la nuit, toi qui as toujours faim... Après, il y a le second sujet, plus délicat, l'héritier des Cornsex...

Marius – Ne t'inquiète pas, je m'occupe de tout. Le 2 mai tu seras enceinte.

Priscilla – Je te remercie, Marius. Mon honneur conjugal y est engagé.

HUYSMANS, LE GRINCHEUX MAGNIFIQUE

› **Michel Delon**

Dès l'annonce de sa mort, le conseil municipal de Paris décida de lui consacrer une rue. On attendit qu'une voie nouvelle soit ouverte dans le quartier qui avait toujours été le sien. Ce fut le cas en 1912, entre le boulevard Raspail et la rue d'Assas. J'ai eu la curiosité d'aller revoir cette courte rue Huysmans : ses immeubles cossus et ventrus, tous du même style, auraient sans doute exercé la verve de l'écrivain. Il suffit de traverser Raspail, de longer, rue Notre-Dame-des-Champs, le collège Stanislas et l'austère façade de la congrégation des sœurs du Bon Secours pour trouver, de l'autre côté de la rue de Rennes, la rue Saint-Placide. Au numéro 31, une plaque rappelle que Huysmans y est mort en 1907, son souvenir a attiré dans le même immeuble Henri de Montfreid et le journaliste Marcel Espiau, un des fondateurs du prix Renaudot. En tournant rue du Cherche-Midi, on recule dans le XIXe siècle ; franchissant à nouveau la rue de Rennes, on gagne l'église Saint-Sulpice, célébrée par le romancier. On parcourt un Quartier latin où les

Michel Delon est professeur à la Sorbonne. Il est notamment l'auteur de *Sade, un athée en amour* (Albin Michel, 2014) et de *Casanova. Mes années vénitiennes* (Citadelles & Mazenod, 2018).
› michel.delon@paris-sorbonne.fr

librairies ont disparu au profit des boutiques de fringues, on arrive à la vieille rue de l'Éperon, avec le lycée Fénelon et le discret pavillon du numéro 10, où vécurent Théodore de Banville, le premier à remarquer *Le Drageoir aux épices*, puis Maurice Garçon, le maître du barreau qui a tant fait pour la connaissance de l'écrivain. Sur le trottoir opposé s'ouvre l'étroite et médiévale rue Suger, une plaque au numéro 9 indique qu'y est né en 1848 Joris-Karl Huysmans, fils d'un artiste venu de Hollande, ou plutôt Charles Marie Georges Huysmans, qui choisira un double prénom de plume à consonance plus flamande. Il ne m'a pas fallu vingt minutes pour passer de la dernière à la première maison d'un écrivain qui a cultivé ses habitudes dans le même quartier et s'est toujours méfié des déménagements.

Son Paris, il le connaît et sait le chanter, non pas la ville des grands monuments, mais celle des quartiers miteux et des passages mal entretenus. Son fleuve est la Bièvre, qui arrive du sud-ouest et n'avait pas encore été recouverte. La rivière à travers le XIIIe arrondissement était « noire de suie », exhalant « des relents de bourbe et de vieux cuirs », mais elle était bordée de peupliers et évoquait au promeneur « les rythmes désolés de la musique de Schubert ». Le poème en prose s'intitule « La Rive gauche » et paraît en 1874 dans *Le Drageoir à épices*, corrigé dès l'année suivante en *Drageoir aux épices*. Huysmans est gratte-papier dans un ministère, il donne des chroniques d'art comme pigiste et vient de publier son premier livre à compte d'auteur. La rive gauche, gauchère et maladroite, incarne une modernité faite de nostalgie et de décalage. La Bièvre, en passe de devenir un égout, a la beauté paradoxale d'un morceau de Schubert et un hareng saur, déjeuner des pauvres, prend les couleurs d'une palette de soleils couchants digne des plus grands peintres. Les chanteurs de rue et les filles dans les cabarets sont magnifiés à la manière des Flamands, de même que quelques décennies plus tôt Aloysius Bertrand avait sous-titré *Gaspard de la nuit* « Fantaisies à la manière de Rembrandt et de Callot ». En 1880, des *Croquis parisiens* reprennent et élargissent cette veine. Les paysages entraînent le long des remparts du sud et du nord ; les « types de Paris » collectionnent les petits métiers de la capitale : le conducteur d'omnibus et la blanchisseuse, le geindre, qui pétrit la pâte pour le boulanger, et le marchand de marrons.

Les deux recueils paraissent dans la collection « Poésie » de Gallimard (1), tandis que la « Bibliothèque de la Pléiade » offre un substantiel volume de romans et nouvelles (2) et les Éditions Bartillat le recueil des *Écrits sur l'art*, de 1867 à 1905 (3). Une exposition au musée d'Orsay donne à voir les tableaux dont parle le critique et aide à apprécier ses coups de cœur, coups de griffe et coups de plume (4). André Guyaux et Pierre Jourde, maîtres d'œuvre de la « Pléiade », montrent la continuité d'une écriture à travers ses diverses manières : naturalisme de *Marthe, histoire d'une fille*, des *Sœurs Vatard*, d'*En ménage*, décadence d'*À rebours*, satanisme de *Là-bas*, spiritualisme d'*En route*. Une même attention reste prêtée au détail du monde sensible et à l'envers des grands discours, une même attention jusqu'à l'obsession et à la fascination. L'homme semble atteint d'hyperesthésie et l'écrivain tenaillé par un besoin de description au risque de transformer les êtres en natures mortes et les récits en inventaires. Huysmans est ainsi un « homme qui entendait les parfums », depuis le poème en prose « Le gousset », analysant toutes les émanations d'une aisselle féminine, jusqu'au renfermé de l'appartement de Marthe, aux cours parisiennes « infectant le pipi et le chlore » et aux chambrées militaires de *Sac aux dos*, de l'odeur de poussière et d'encre des administrations aux bouffées de fumier d'*En rade* et aux volutes d'encens qui envahissent les nefs d'*En route*. Le vieil opéra-comique *Richard Cœur de lion* éveille des souvenirs auditifs, puis des réminiscences olfactives : « Il eut subitement dans le nez l'odeur d'une antique boîte qu'il y avait chez lui, une odeur de moisi, vague, dans laquelle était resté comme un relent de cannelle. » Plus encore que le vieux boudoir baudelairien, plein de modes surannées avec son odeur de flacon débouché, les cabinets de toilette et les arrière-cours suscitent chez Huysmans un sentiment d'ennui et la conviction que tout s'altère et pourrit. La vague odeur de moisi qui saisit Folantin dans *À vau-l'eau* ne s'épanouit dans nulle restitution d'une enfance, dans nulle reconquête proustienne du passé. Elle s'aigrit et s'évanouit. Seul un relent de cannelle suggère un plaisir fugitif qui dure un instant et se perd. Des Esseintes tente de systématiser une « science du flair » et de s'assurer des jouissances de l'odorat égales à celles que promettent les arts visuels et la musique.

Tout le chapitre x d'*À rebours* est consacré à la syntaxe des fragrances et aux manipulations des plantes. L'astucieuse frangipane s'entête et traîne dans l'air. L'art rocaille se traduit en muscs et en senteurs florales qui tournent au remugle de moisi et de rouille. Les souffles poivrés des mixtures exotiques renouvellent l'émotion plus que le plaisir, et finissent par provoquer un vertige. Des Esseintes perd connaissance au milieu des senteurs qui l'obsèdent.

« Le mieux n'existe pour personne »

Il en est des plaisirs de l'amour comme des parfums. Les deux premiers romans sont consacrés à des figures féminines. Déjà à côté de Marthe s'agitait un comédien, devenu meneur de cabaret, puis cabaretier avant de rouler, alcoolique, dans le ruisseau, sans cesse « plus grincheux et plus bougon » et de finir cadavre nu sur une table de dissection. Les romans suivants se concentrent sur des figures masculines en quête d'amour ou simplement d'un peu de tendresse, saisies de « crises juponières » qui se crispent en éjaculations précoces et en amertumes d'après-coup. Les amitiés et complicités masculines ne durent pas beaucoup plus longtemps. Chacun peut conclure comme Folantin, le héros d'*À vau-l'eau* : « Allons, décidément, le mieux n'existe pas pour les gens sans le sou ; seul le pire arrive. » Le duc Jean Floressas des Esseintes prouve, deux ans plus tard, que la restriction aux sans-le-sou ne tient pas. Le mieux n'existe pour personne. La traduction sociale d'une telle conscience douloureuse est le célibat, cette solitude toujours insatisfaite, dont chaque velléité de sortie se révèle illusoire. Simple fonctionnaire ou descendant d'une lignée aristocratique de plusieurs siècles, le célibataire cherche à aménager une tanière. La distribution des meubles et la décoration des murs l'occupent un temps, elles lui réservent quelque satisfaction, sans le protéger longtemps de l'agressivité d'autrui et de l'âcreté du réel. L'ultime solution serait-elle dans la règle religieuse ? La valorisation de la continence qui culminerait avec le célibat sacerdotal fait l'objet des quatre derniers romans, le cycle de

Durtal. Le volume de la « Pléiade » en propose les deux premiers, *Là-bas* et *En route* ; il donne l'envie d'aller relire, ou simplement lire, *La Cathédrale* et *L'Oblat*. L'oblat est un laïc qui s'astreint à suivre les règles d'une communauté religieuse sans prononcer ses vœux. La fiction se perd lorsque Huysmans lui-même pratique pèlerinages et retraites, qu'il se fait construire une maison à côté de l'abbaye bénédictine de Saint-Martin de Ligugé en Poitou et rêve d'un béguinage. Il devient son propre personnage et n'exalte son retour à la foi que dans la dénonciation des fidèles. Les *Rêveries d'un croyant grincheux* s'attardent autour de la question : « Pourquoi un catholique pratiquant est-il plus bête qu'un homme qui ne pratique pas ? (5) » Bien des mécréants sont plus charitables que ce mystique qui commence par s'intéresser aux pratiques sacrilèges et ne peut s'épanouir qu'à la marge de l'institution, dans l'exécration du clergé et des dévots. « Si je suis fermement catholique, je suis non moins résolument anticlérical. » Après avoir magnifié Lydwine de Schiedam, martyre d'un corps voué aux pires souffrances, Huysmans s'identifie à la sainte et traîne un long et douloureux cancer de la mâchoire, « mené, en dehors des voies littéraires, dans les voies rédemptrices de la souffrance, jusqu'à *[sa]* fin ». Le corps pourrissant peut être glorieux : mystère religieux de la grâce, mystère esthétique du sublime.

C'est en écrivain d'art sans doute que le fils du dessinateur venu de Hollande se montre le moins grincheux. Par ses recueils *L'Art moderne* (1883), *Certains* (1889) et *Trois primitifs* (1905), en écho avec les goûts affichés par les personnages de fiction, il prend place dans la grande tradition qui mène de Diderot à Stendhal et de Baudelaire à Apollinaire. L'écrivain rivalise avec l'artiste, vante les uns, sabre les autres. Mais il a la louange surprenante et l'admiration paradoxale. Il célèbre Delacroix, « Rubens dégraissé et affiné par les névroses », et soutient Cézanne, « artiste aux rétines malades » qui promet un art neuf. Il admire l'« attentive cruauté » de Degas pour peindre les femmes nues et l'« adultère des couleurs » qu'il ose. Il applaudit à « l'onanisme spirituel » chez Gustave Moreau. Il suggère merveilleusement les affinités entre Whistler et Verlaine : « M. Whistler me fait songer avec ses paysages à plusieurs poésies d'une douceur murmurante et câline, comme confessée, comme frôlée, de M. Verlaine. » Dans *La Crucifixion* de Matthias Grünewald, il salue un sommet de l'art : « « Le supplice avait été épouvantable, l'agonie avait terrifié l'allégresse des bourreaux en fuite. » Le verbe travaille la langue comme le pinceau la couleur (6).

S'étonne-t-on que, dans *Soumission*, Michel Houellebecq mette ses pas dans ceux de Huysmans ? Il cite en épigraphe les doutes du héros d'*En route*, sortant de Saint-Sulpice : « Au fond j'ai le cœur racorni et fumé par les noces, je ne suis bon à rien. » Bon à rien, mais sachant bien le dire.

1. Joris-Karl Huysmans, *Le Drageoir aux épices*, suivi de *Croquis parisiens*, édité par Jean-Pierre Bertrand, Gallimard, coll. « Poésie », 2019.
2. Joris-Karl Huysmans, *Romans et nouvelles*, sous la direction d'André Guyaux et Pierre Jourde, Gallimard, coll. « Bibliothèque de la Pléiade », 2019.
3. Joris-Karl Huysmans, *Écrits sur l'art, 1867-1905*, édition de Patrice Locmant, Bartillat, 2019.
4. Stéphane Guégan et André Guyaux (dir.), *Joris-Karl Huysmans, de Degas à Grünewald*, Gallimard-Musée d'Orsay, 2019.
5. Joris-Karl Huysmans, *Rêveries d'un croyant grincheux*, L'Herne, 2019.
6. On prolongera la lecture avec deux précieuses rééditions actualisées, le *Cahier de l'Herne* de 1985 orchestré par Pierre Brunel et André Guyaux, et de Maurice Garçon, voisin poitevin aussi bien que parisien, *Huysmans à Ligugé*, édité par Olivier Cariguel, Du Lérot éditeur, 2019.

L'AUTOROUTE

› **Bruno Masi**

L'auteur de *La Californie* (JC Lattès, 2019) raconte une jeunesse hantée par une passerelle surplombant une autoroute.

Jamais je n'aurais pensé que l'autoroute nous avait à ce point façonnés.

C'est une saignée à six voies dont le bruit gonfle dans l'étroite dépression à flanc de colline où habite ma mère. Son énormité m'est apparue lors d'une visite à Thomas, mon ami d'enfance, qui après son divorce avait dû emménager dans l'appartement de ses grands-parents décédés. Un trois-pièces situé au sixième étage d'une barre qui en compte dix. Il y a trente ans, une passerelle permettait aux piétons de passer au-dessus du flot de voitures. Nous l'empruntions tous les matins, Thomas et moi, pour nous rendre au collège, puis nous longions la concession automobile et la boulangerie. Un soir, la fille d'une voisine du dessous a voulu traverser l'autoroute sans gravir la passerelle, comme ça, pour essayer. Une voiture l'a fauchée à plus de cent kilomètres heure. Elle est morte sur le coup.

Le carrefour est planté à la sortie est de Toulon. L'autoroute A7 file vers Hyères, puis Cannes, Nice et l'Italie. Au nord, le quartier de Saint-Jean du Var est constitué d'une avenue centrale bordée de maisons anciennes à deux étages. Au sud, celui de la Serinette est fait de pavillons cossus donnant sur le cap Brun et le bord de mer. L'autoroute trace une ligne séparant deux parties de la ville. Au nord, les immigrés, les chômeurs et les ouvriers ; au sud, la petite bourgeoisie blanche, employés de bureaux et commerçants.

Un jour, j'avais 11 ans, je suis descendu du bus n° 9 à l'arrêt Benoît-Malon, celui qui est le plus au sud de l'autoroute. Un garçon s'est approché de moi et m'a saisi par le cou. J'ai senti sa main se refermer sur ma gorge. Il devait avoir 20 ans. Ses doigts se sont enfoncés tandis que ses yeux injectés de sang transperçaient les miens embués de larmes. Il s'est mis à hurler, me demandant pour quelle raison j'avais regardé avec insistance la fille qui était avec lui. Je ne l'avais pas remarquée jusqu'au moment où elle s'est approchée et a posé la main sur son avant-bras. Elle lui a dit d'une voix douce de se calmer, que je n'étais qu'un gamin, qu'elle l'aimait. Après cinq ou dix secondes, il a lâché prise. J'étais par terre, j'avais encore peur qu'il se mette à frapper.

Bruno Masi a été reporter au service culture de *Libération* pendant dix ans. Il est responsable pédagogique à l'INA. Dernier ouvrage publié : *8 Kilomètres : une enquête dans les terres rouges du Var* (JC Lattès, 2020).

L'angle nord-est du carrefour est occupé par une maison de deux étages devant laquelle trône une jardinière comptant trois palmiers de taille moyenne, leurs troncs ne mesurant que cinquante centimètres de circonférence. Au rez-de-chaussée, un local commercial a longtemps été occupé par une boulangerie. Adolescent, j'aimais m'y rendre car j'étais attiré par la beauté vulgaire de la boulangère – une femme d'une quarantaine d'années qui aurait pu tout aussi bien travailler dans un bar à hôtesses de la vieille ville ou une parfumerie bon marché. J'allais y acheter une baguette et j'essayais d'entrevoir ses seins à travers son chemisier.

Laurent avait 17 ans quand les événements ont eu lieu. On jouait au foot ensemble dans l'équipe Junior de l'Entente Pivotte Serinette, dont le terrain était accolé à la cité de la Closerie. Il évoluait sur l'aile gauche, et moi en défense. Nous étions amis.

Laurent sortait avec Nora, qui avait 15 ans. Elle était la cousine de Sofiane, le milieu de terrain, et de Malik, l'attaquant. Elle venait souvent assister aux entraînements les mardis et jeudis soir. Elle s'installait sur la tribune en bois et nous regardait faire des courses sur le terrain en stabilisé.

Laurent habitait avec sa mère à la Closerie. Nora, ses deux sœurs et ses parents occupaient un appartement au dixième étage du bâtiment E de la résidence Les Roseaux, celle où habite Thomas et qui surplombe l'autoroute. Après les entraînements et les matchs, Laurent la raccompagnait à pied. Ils empruntaient la passerelle et passaient devant l'arrêt de bus avant de s'engouffrer dans la rue de Suez, que nous appelions « la rue des merdes de chien ». Laurent ne s'aventurait jamais plus loin que le portail pour que le père de Nora ne le voie pas. Il avait promis la main de sa fille à un de ses cousins restés en Algérie.

Un jour, c'était en février, il faisait très froid en raison du mistral, le ciel était d'un bleu si éclatant qu'il semblait noir. Le père de Nora est allé voir sa fille dans sa chambre et l'a prévenue de l'arrivée de son cousin. Il lui a dit de préparer sa valise : elle devait partir avec son futur mari le lendemain en Algérie pour s'occuper des préparatifs du mariage. Nora a refusé, elle a hurlé. Une dispute a éclaté. Elle a bousculé son père. Elle a foncé dans le salon, puis elle a ouvert la baie vitrée donnant sur le balcon et s'est jetée dans le vide.

Malgré mes appels, je n'ai plus eu de nouvelles de Laurent. Je ne l'ai revu qu'une seule fois, quelques années plus tard. Il travaillait comme ouvrier sur le chantier de transformation du carrefour de l'autoroute, quand ils ont démoli la passerelle. Nos regards se sont croisés mais nous avons fait comme si nous ne nous connaissions pas.

À 18 heures, sur les deux cent quarante-trois fenêtres donnant sur le carrefour, cent sept sont éclairées. À 19 heures, j'en compte cent treize. À 20 heures, cent vingt-sept. À 21 heures, quatre-vingt-quatre. L'une d'elles a attiré mon regard. Elle est située au troisième étage d'un bâtiment qui en compte quatre et qui s'élève rue d'Orient, une rue parallèle à l'autoroute. Je ne l'ai pas tout de suite remarqué mais elle reste éclairée toute la journée, ainsi qu'une bonne partie de la nuit.

J'ai aperçu à plusieurs reprises la silhouette d'une femme à travers les rideaux fins, sans parvenir à déterminer son âge. J'ai seulement pu voir qu'elle était blonde et assez grande. Elle porte tous les jours la même robe rose, taillée près du corps. Il est parfois 3 ou 4 heures du matin quand elle se décide à éteindre la lumière.

Je me suis rendu rue d'Orient et j'ai eu du mal à situer avec précision l'emplacement de la fenêtre. La rue mesure douze pas de large et cinquante-huit de long. Avant de former un angle à quatre-vingt-dix degrés en direction de la rue de Suez, elle donne sur le parking de la clinique Saint-Michel, spécialisée dans la chirurgie ophtalmique.

Le bâtiment où vit la femme à la robe rose est le B. Il comporte douze sonnettes mais seuls sept noms ou chiffres sont mentionnés sur l'interphone. J'ai appuyé sur la première et un homme a répondu. J'ai enfoncé le deuxième bouton à plusieurs reprises mais personne n'a décroché. Sur la troisième sonnette, seul un D est inscrit. J'ai appuyé. Après quelques secondes, quelqu'un a décroché et la sonnerie mate de l'ouvre-porte a retenti, sans qu'un seul mot n'ait été prononcé.

Je suis entré dans le hall de l'immeuble. J'ai regardé les boîtes aux lettres. Sur l'une d'elle, un D figurait. La plaque en plastique qui recouvrait le papier imprimé était rayée, comme si on avait frotté une clef dessus. Je suis ressorti et j'ai marché d'un pas rapide vers la clinique. Quand j'ai bifurqué en direction de la rue de Suez, j'ai tourné la tête et vu la femme à la robe rose penchée par la fenêtre, cherchant sans doute à identifier qui avait pu sonner. Mon cœur s'est emballé, j'ai senti ma peau se tendre, dans une sensation proche de la peur et de l'excitation.

Si on remonte l'avenue dans l'autre sens, on rejoint le chemin de la Barre, qui mène à la Closerie. Mais avant d'atteindre cet ensemble d'immeubles, on longe le foyer pour handicapés mentaux de l'Espérance. C'est là que j'ai rencontré Billy ; je devais avoir 9 ou 10 ans, lui peut-être 15, mais il était difficile de lui donner un âge en raison de sa taille, près d'1,90 m, et de sa corpulence. On l'avait croisé plusieurs fois en allant à l'école primaire, Thomas et moi, sur la passerelle au dessus de l'autoroute. Il restait immobile, les avant-bras en appui sur la rambarde, le regard posé sur le flot de voitures en dessous. La peau de son visage était lisse et tendue et ses yeux, petits, enfoncés dans des joues d'une pâleur cireuse. L'implantation de ses cheveux noirs laissait peu de place à un front qui surgissait telle une fine bande de sable sur le haut de son visage.

Billy ne vous regardait jamais dans les yeux mais il souriait tout le temps et prenait des poses savantes pour dire des choses que personne ne comprenait. Son prénom était Bruno mais il aimait qu'on l'appelle Billy, ce qui m'arrangeait, à vrai dire.

La première fois que je lui ai parlé, c'était en allant à l'entraînement de foot un mercredi après-midi. Je remontais la côte qui mène au stade et il était là, appuyé contre le muret en crépi qui précède l'entrée du foyer. Je suis passé devant lui et il m'a emboîté le pas pour discuter comme si nous nous connaissions depuis toujours. Il transpirait beaucoup. Ses cheveux mouillés formaient des haricots dégoûtants à la base de son cou. Son jogging et son T-shirt noirs (je ne l'ai toujours vu qu'habillé ainsi) s'imprégnaient de sa transpiration et révélaient des anneaux de sel qui se superposaient.

Par la suite, j'ai vu Billy tous les mercredis à l'entraînement et parfois le week-end quand il y avait des matchs. Les adultes l'ont pris en sympathie et lui ont donné des tâches simples à exécuter, gonfler les ballons ou récupérer des plots pour délimiter un terrain. Lors du tournoi annuel, il était chargé de déplacer les poubelles de cent litres pleines de glace et de canettes de bière. Il aimait bien déplacer les poubelles et montrer qu'il était costaud.

Les années ont passé, Billy a encore grandi. Un jour, il nous a dit qu'il avait une petite amie au foyer. Elle s'appelait Marion et elle était comme lui. C'était comme ça que Billy évoquait son handicap, à travers la différence ou les points communs qu'il entretenait avec les personnes qui traversaient son champ de vision.

Billy ne savait pas contenir sa force. Il avait inventé le *zaoui* qui consistait à joindre ses deux mains dans un geste de prière et à frapper d'un coup sec le coccyx de l'un d'entre nous, sans prévenir. Inévitablement, la victime humiliée se tordait de douleur et lui s'éloignait, le torse gonflé, promettant la même punition à quiconque viendrait le défier.

Après quelques semaines de ce petit jeu, nous en avons eu marre. À quatre ou cinq, regroupés derrière les vestiaires, nous avons envoyé Steve, l'avant-centre, chercher Billy qui remplissait des bouteilles d'eau. Nous avions 14 ans ou 15 ans, lui 20. Steve lui a annoncé que Marion était là et qu'elle voulait le voir. Billy s'est épongé le front, a frotté son T-shirt trempé d'eau et de sueur pour le défroisser et s'est empressé de venir. Il a rejoint le carré de pelouse et nous lui avons sauté dessus. De toutes nos forces, nous l'avons frappé, avec nos poings et nos pieds, dans le ventre, les côtes, les reins, les épaules et même la tête. Il aurait pu se redresser et nous massacrer, au lieu de quoi il s'est roulé en boule et a attendu que les coups cessent, avant de se mettre à pleurer. Nous sommes restés debout autour de lui, on riait si fort. Puis Seb, l'arrière latéral, a sorti sa bite, et a commencé à lui pisser dessus. Billy ne bougeait pas. Le jet rebondissait sur son épaule et éclaboussait sa joue et ses cheveux. Nous avons défait nos shorts pour lui pisser dessus aussi. Personne ne parlait.

Les adultes du club sont parvenus à convaincre le foyer de l'Espérance de ne pas porter plainte, et ils nous ont seulement interdits d'entraînement et de match pendant six semaines. Ils ont demandé à Billy de ne plus revenir. En guise d'adieu, il a fait savoir qu'il rejoignait Marion, et qu'ensemble ils allaient faire un "baby". Il prononçait ce mot comme on peut l'imaginer, c'est-à-dire "bé-bi", et cette façon de le dire rendait l'idée encore plus désagréable. Je visualisais la scène et ça me mettait mal à l'aise. J'ai demandé un jour à Monique, la mère de Seb, si c'était possible que deux débiles fassent un bébé ensemble. Elle avait été infirmière psychiatrique et m'a répondu que c'était peu probable, ce type de patiente étant souvent mise sous pilule.

C'est le bruit de l'autoroute qui nous a façonnés, ce ronflement constant semblable à la cadence d'un scanner. Il nous était impossible de nous en départir, comme si finalement la saignée de bitume avait creusé un sillon dans nos poitrines, et à mesure que le vacarme des moteurs, des embardées ou des coups de frein emplissait nos têtes, l'atmosphère se chargeait de particules et l'oxygène venait à manquer, instillant en nous et partout un limon de violence. Il n'était pas question de mourir mais de suffoquer et de réduire nos attentes, pour qu'un jour on se fasse à l'idée que le grand air c'était ça : une fine brume de pots d'échappement.

Il y a peu, j'ai traversé l'autoroute pour longer l'arrêt de bus, avant de passer devant la rue des merdes de chien et rejoindre la rue d'Orient. Il était 8 heures du matin et le soleil demeurait caché derrière une épaisse couche de nuages. Les voitures s'agglutinaient sur les avenues Malon et Pruneau, soit en direction de l'ouest et de la zone commerciale, soit en direction du centre-ville.

J'étais adossé au muret de la clinique Saint-Michel. J'avais apporté un thermos avec du café et quelques biscuits, ne sachant pas combien de temps j'allais devoir patienter. J'avais laissé mon téléphone portable à la maison afin de ne pas être tenté de tromper l'ennui en tapotant l'écran, et prendre le risque de la rater. J'avais aussi glissé un blouson dans le sac de randonnée de ma mère, car le vent aurait pu tourner et souffler depuis l'est et ramener de la pluie.

Je n'avais pas de montre et donc aucun moyen de me repérer dans le fil de la journée. Les passants étaient trop rares et inquiets pour que je m'aventure à les interpeller et leur demander l'heure. Seules l'autoroute et la circulation me permettaient de savoir à quel moment du jour je me trouvais.

La femme à la robe rose a dû sortir vers 14 ou 15 heures. Je l'ai vue s'éloigner d'un pas pressé vers Saint-Jean du Var et je l'ai suivie. Qu'est-ce que je cherchais ? Sa proximité, sans doute. Le sentiment d'être tout près d'elle, sans même qu'elle soupçonne l'intérêt que je lui portais. Nous avons marché durant un long moment, peut-être trente ou quarante minutes. Je dis "nous" car dès que je lui avais emboîté le pas, j'avais eu l'impression de me trouver à ses côtés, dans une familiarité que je n'interrogeai même pas. Elle était là et moi avec elle, mes yeux ne quittant pas sa nuque et son dos, que je distinguais à peine en raison de la distance.

Sa robe rose était courte, plus courte que je ne l'avais imaginé, et surpiquée de fronces qui faisaient remonter le nylon à chacun de ses pas et l'obligeaient à tirer sur la couture pour l'ajuster à ses cuisses. Elle n'était pas très grande mais juchée sur des talons de dix centimètres – des escarpins roses – qui malgré ses jambes arquées affinaient sa silhouette. Je distinguai la racine sombre de ses cheveux mais ses boucles denses et blondes qui tombaient sur ses épaules voûtées aimantaient mon regard.

Malgré la dizaine de pas qui nous séparait, j'avais le sentiment que nous avancions en rythme, de manière chaloupée, selon une chorégraphie intérieure qui reliait ses cellules aux miennes, et j'oubliais les façades aux fenêtres murées et ces vieilles qui portent des Vans trouées et partent faire leur courses un sac plastique à la main, leurs doigts dans leur chevelure broussailleuse. J'oubliais les scooters désossés sur les trottoirs, les locaux commerciaux à l'abandon, les affiches électorales, la sono du comité des fêtes qui passait une valse de Tchaïkovski, et les sirènes de la police.

À cet endroit, le bruit de l'autoroute s'estompe. Le ciel s'était dégagé et le soleil agrandissait les ombres portées des tilleuls. J'ai pressé le pas sans m'en rendre compte, il me fallait réduire la distance. Elle ne m'avait pas remarqué alors que je la suivais depuis une heure. Je devais rester invisible, elle ne me verrait jamais. J'allais agir en toute impunité et plus son corps se rapprochait, plus je fixai ses boucles de cheveux sur ses épaules, sa nuque, son bras droit. J'ai détaillé sa main, ses ongles longs et épais, et les bagues qu'elle portait à tous ses doigts. Je les ai vues plus grosses que ce qu'elles n'étaient en raison des veines gonflées et tandis que son cou était à ma portée, je découvris à la base de sa nuque une brûlure, une marque vive de six à sept centimètres d'où perlaient des gouttes de lymphe ou de pus, et les poings fermés, mes yeux s'embuèrent de colère.

ÉTUDES, REPORTAGES, RÉFLEXIONS

ÉCOLOS, GRAND CAPITAL… MÊME COMBAT ?

› **Max Falque**

« Il n'y a point de plus cruelle tyrannie que celle que l'on exerce à l'ombre des lois et avec les couleurs de la justice. »
Montesquieu

Comment se fait-il que les grandes entreprises nationales et internationales soutiennent financièrement et intellectuellement le mouvement écologiste, y compris dans ses formes les plus radicales (1) ?

En se retirant de l'accord de Paris sur le climat de 2015, le président Donald Trump a mis fin à l'engagement pris par les États-Unis de réduire leurs émissions de carbone (une promesse-clé de la campagne démocrate). Mais la sortie de M. Trump de l'accord de Paris a révélé quelques adversaires improbables, à savoir des géants industriels qui, à première vue, auraient dû être satisfaits par une décision les exemptant de l'obligation de réduire leurs émissions.

Cette apparente contradiction a été analysée par Bruce Yandle (2) sous le titre « Bootleggers and Baptists » (3) : les trafiquants d'alcool et les ligues de vertu avaient des objectifs opposés… mais en fait collaboraient. En effet, militer pour la suppression de la vente d'alcool le dimanche ne pouvait qu'accroître les revenus des *bootleggers* en supprimant la concurrence.

Ainsi le fait que les environnementalistes aient critiqué sans appel la décision du président Trump n'est pas surprenant. Ce qui l'est, c'est qu'ils aient été rejoints par une forte coalition d'industriels qui ont estimé qu'il était de leur intérêt vital d'appuyer l'accord de Paris : ExxonMobil et ConocoPhillips, deux des plus grands producteurs mondiaux de pétrole, ont exhorté Trump à respecter l'accord de Paris. Microsoft, Apple, Nike, le géant industriel allemand Siemens et son homologue suisse ABB, pour n'en citer que quelques-uns, se sont joints à eux et ont soutenu l'accord… bien entendu au nom de la morale conforme au politiquement correct !

Max Falque est juriste et économiste, diplômé de Sciences Po Paris. Il est consultant international en politique environnementale et responsable de l'International Center for Research on Environmental Issues. Dernier ouvrage publié : *Environnement : le temps de l'entrepreneur* (avec Jean-Pierre Chamoux et Erwan Queinnec, Libréchange, 2019).

Pourquoi ces industriels réclament-ils les mêmes politiques de réduction des émissions de carbone que les environnementalistes ? Pourquoi veulent-ils des normes mondiales ?

Comme toujours, les motivations sont multiples. Microsoft et Apple, par exemple, sont profondément engagés dans le développement de logiciels pour les voitures électriques, Siemens et ABB sont des fournisseurs mondiaux de machines électriques qui améliorent l'efficacité énergétique et qui, selon eux, peuvent réduire la consommation totale d'énergie, les coûts d'exploitation et les émissions de carbone. Avoir un bon coup de pouce grâce à l'accord de Paris pour leurs produits préférés pourrait aider à améliorer les résultats financiers.

Le cas de la politique climatique : une coalition contre-nature

Cette coalition improbable est la preuve d'une nouvelle version de l'alliance séculaire entre malfaiteurs (*bootleggers*) et ligues de vertu (*baptists*). L'histoire se déroule comme suit : les fidèles ne daigneraient normalement pas s'associer avec des trafiquants d'alcool mais en fait les deux groupes partagent un intérêt commun et une même finalité politique. Ils veulent tous les deux fermer les commerces vendant de l'alcool le dimanche mais pour des raisons très différentes : les baptistes apportent un soutien moral à la politique, tandis que les contrebandiers augmentent leurs profits. Lorsqu'ils sont combinés, les deux groupes ont tendance à former des coalitions gagnantes dans une variété de contextes.

Les écologistes jouent le rôle des baptistes qui, pour des raisons morales, soutiennent les lois de fermeture du dimanche. Aujourd'hui, au lieu de fermer les magasins d'alcool, ces « baptistes environnementaux » veulent interdire les émissions de carbone. Au cours des dernières années, les environnementalistes ont appuyé les restrictions qui, aidées par les forces du marché, ont entraîné la fermeture de mines de charbon, la fermeture ou la pénalisation de centrales thermiques, la limitation des émissions de combustibles fossiles, la réglementation de la technologie automobile…

Aux États-Unis, depuis les années soixante-dix et l'organisation du premier Jour de la Terre, les associations environnementales ont préféré la réglementation fédérale et ont souvent plaidé avec succès contre l'utilisation traditionnelle de la *common law* (droit privé) décentralisée au profit de la réglementation fédérale, minorant ainsi leurs coûts pour atteindre leurs objectifs.

En effet, pour les grandes entreprises, les réglementations centralisées peuvent augmenter les coûts de leurs concurrents et limiter l'entrée de nouveaux acteurs. Elles accueillent favorablement les subventions à la charge des contribuables et les prêts garantis par le gouvernement pour le développement de nouvelles technologies : piles solaires, batteries améliorées, automobiles sans émissions et d'autres formes d'énergie renouvelables, notamment solaire, éolienne… Ils rêvent aussi peut-être de cartelliser les marchés mondiaux par des réglementations coordonnées et des prix plus élevés qui pourraient résulter des accords mondiaux de réduction des émissions, des politiques qu'ils contribuent à définir.

Avec des subventions gouvernementales spécifiques aux entreprises pour le développement de technologies propres et un siège à la table des régulateurs (4), les « contrebandiers environnementaux », agissent comme les *bootleggers* d'antan. Pendant ce temps, des millions de consommateurs, influencés par les médias le plus souvent « bien-pensants », font face à des factures d'électricité légèrement plus élevées (donc relativement indolores) provenant pour l'essentiel de sources d'énergie traditionnelles tout en profitant des avantages des voitures à zéro émission et des centrales solaires plus performantes (5).

En fin de compte, contrebandiers et baptistes se retrouvent également mécontents de la décision du président Trump : General Electric, Tesla, Google et Microsoft se sont joints aux grandes associations de protection de la nature telles le Sierra Club, Friends of the Earth, The Natural Resources Defense Council et l'Environmental Defense Fund. D'une seule voix, ils ont proclamé : « N'abandonnez pas l'accord de Paris ! »

Les dirigeants des principales nations du monde et des pays émergents ont accueilli les demandes conjointes des *baptists* et des *bootleggers* qui avaient pour mérite de leur décerner un brevet de moralité et des espérances de financement. Les maires des grandes villes américaines et les dirigeants de certains États ont proclamé leur engagement à faire leur devoir pour soutenir les efforts de réduction des émissions de carbone prévus par l'accord de Paris. Avec un soutien aussi large à l'accord de Paris de la part du classique duo *bootleggers-baptists*, qu'est-ce qui explique alors la décision de M. Trump ?

Trump a su leur dire qu'ils ne seraient plus oubliés, que des temps meilleurs se profilaient à l'horizon !

On retrouve un phénomène similaire en France à propos de la folle politique des énergies renouvelables qui relève de la même logique (si l'on peut dire !) : « La vérité est que l'industrie éolienne n'est pas du tout écologiste mais répond à une logique de profit exclusif en faveur des promoteurs éoliens par des montages financiers couverts par la politique écologique des États. (6) » Et l'avocat fiscaliste Jean-Philippe Delsol de noter : « Les liens entre les élus, parlementaires, ministres écolos et les promoteurs éoliens sont fréquents. Cosa Nostra serait même lourdement impliquée dans nombre de projets financés par l'Union européenne. Là où il y a de l'argent public et des affaires, les profiteurs sont toujours à l'affût. C'est ce qu'on peut appeler le socialisme de connivence. (7) »

Bien entendu, ce principe de collusion des adversaires explique aussi la poursuite du trafic de drogue malgré un demi-siècle de répression (ou justement à cause d'elle ?). Il est évident que toute légalisation porterait atteinte à de nombreux acteurs qu'il serait difficile... et même imprudent de désigner. Cela peut concerner de très nombreuses réglementations, dont les normes environnementales (8).

La complicité des pouvoirs publics

À ce point, nous avons observé les alliances de fait et paradoxales entre les grands groupes industriels et les grandes associations « vertes ». Mais les pouvoirs publics sont aussi acteurs, voire complices. Résumons la situation.

Le mouvement associatif mobilise les inquiétudes légitimes des citoyens en mettant en évidence les multiples atteintes à l'environnement par les entreprises et les technologies. Pour rendre publique leur position, les associations se présentent comme des défenseurs de la morale face aux vices de l'avidité du capitalisme. La médiatisation oblige à financer des campagnes coûteuses faisant appel à l'émotion (telle l'image de l'ours blanc condamné à mourir de faim sur un îlot de glace en train de fondre).

Les entreprises réagissent par des campagnes de *greenwashing*, pas vraiment convaincantes, mais aussi en répondant positivement aux demandes discrètes de financement (direct ou indirect) des associations de plus en plus nombreuses et importantes et donc avides de fonds.

Les associations font pression sur les pouvoirs publics pour édicter des réglementations et des normes de plus en plus sévères, augmentant à terme les profits par réduction de la concurrence des nouveaux entrants et l'augmentation des prix de vente. Bref, créant un monopole... le rêve de tous les entrepreneurs.

L'écologisme militant combiné au grand capital devenant une cause nationale, voire mondiale, il oblige tous les partis politiques à épouser les thèses écologistes, y compris les plus folles, sous peine d'échec électoral. La puissance publique s'attache alors à renforcer l'écologisme et donc son expression en termes d'écologie politique en les finançant et/ou en accordant des postes bien rémunérés au sein de la bureaucratie écologique.

Que faire ? L'ensemble de la société, à savoir pouvoirs public, entreprises et monde associatif, est soumis à une nouvelle religion, souvent intolérante et aboutissant à l'appauvrissement de l'État et des entreprises, seules productrices de valeur. L'objectif de la décroissance pourrait dès lors connaître un début de mise en œuvre tout comme l'idéologie communiste avait réussi à le faire au prix de millions de victimes et dont on connaît la faillite après avoir promis le paradis sur Terre.

Pour faire face à cette nouvelle religion mortifère, la mobilisation intellectuelle et politique est la meilleure, sinon la seule, assurance. Reste à imaginer une nouvelle politique environnementale réaliste, efficace, indépendante des grandes entreprises et de l'extrémisme écolo-bobo-médiatique. Vaste programme, qui devrait d'abord répondre à cette récente remarque (9) : « Les liens incestueux entre oligarchie financière mondiale, ONG environnementales, lobby des renouvelables et avocats malins mériteraient une couverture médiatique (10) digne de ce nom en posant les vraies questions : qui tire les ficelles, qui s'enrichit grâce au capitalisme vert débridé, existe-t-il des conflits d'intérêts entre business vert, ONG, partis politiques, politiciens et/ou médias ? »

Dénoncer le système n'est pas un gage de réforme, mais il est pourtant légitime de se demander à qui profitent certaines réglementations environnementales : à l'écologie militante, aux industriels, aux pouvoirs politiques, aux médias ? Quels seront leur impact réel et/ou leurs effets pervers éventuels sur la protection et la gestion des ressources du milieu ?

Politistes et sociologues, à vos plumes !

1. À propos du financement du récent et puissant mouvement Extinction Rebellion : « *[...]* les richissimes cofondateurs de cette cagnotte, Rory Kennedy, fille de l'ancien sénateur Robert Kennedy, et Aileen Getty, une des héritières de l'empire pétrolier américain du même nom, font tache sur l'indépendance de ces actions citoyennes pour l'environnement » (« Extinction Rebellion financé par des milliardaires et ménagé par la police? Le mouvement répond », Huffingtonpost.fr, 9 octobre 2019). Ou encore l'article de Pauline Mouillot du 10 octobre 2019 dans *Libération* et le *New York Times* du 27 septembre 2019 qui titrait « À la rencontre des millionnaires qui ont aidé à payer pour les manifestations sur le climat ».
2. Bruce Yandle est consultant, essayiste et conférencier en économie politique. Il est professeur distingué d'économie à l'université George-Mason en Virginie et participe régulièrement aux conférences du Centre Mercatus au Capitole. Doyen émérite du College of Business and Behavioral Science de l'université

de Clemson, en Caroline du Sud, et *senior fellow* émérite au Property and Environment Research Center (PERC) à Bozeman, dans le Montana, il est intervenu à trois reprises aux conférences internationales organisées depuis 1996 à Aix-Marseille-Université par le think tank International Center for Research on Environmental Issues (ICREI) sur le thème « Droits de propriété, économie et environnement » (www.icrei.fr).
3. Les baptistes du sud des États-Unis sont partisans d'une stricte abstinence. C'est en 1983 que Yandle présenta sa théorie dans la revue *Regulation* (« Bootleggers and Baptists. The education of a regulatory economist », mai 1983). L'ensemble de l'expérience a fait l'objet d'un ouvrage, Adam C. Smith et Bruce Yandle, *Bootleggers and Baptists: How Economic Forces and Moral Persuasion Interact to Shape Regulatory Politics*, CATO Institute, 2014. Son dernier article, « When industries love regulation. Trump's Paris exit and bootlegger-Baptist disarray », auquel le présent article a largement emprunté, a été publié dans *PERC Reports* en juillet 2017 (https://www.perc.org/2017/07/27/when-industries-love-regulation). Si les recherches de Bruce Yandle ont contribué à modifier la science politique aux États-Unis, cela n'a pas été le cas en France. Nous avons trouvé une seule référence : un court article du Québécois David Descôteaux « Les baptistes et les contrebandiers », Contrepoints.org, 14 octobre 2011.
4. Ce que l'on appelle *crony capitalism*, « capitalisme de connivence », est particulièrement pratiqué en France en raison de la consanguinité entre hauts fonctionnaires et dirigeants de groupes industriels.
5. Il est également possible, bien sûr, que les nouvelles technologies puissent apporter des résultats plus propres ainsi qu'une énergie à moindre coût, offrant des avantages aux consommateurs ainsi qu'un confort à ceux qui se préoccupent de la durabilité et du bien-être à long terme de la planète.
6. Fabien Bouglé, *Éoliennes. La Face noire de la transition écologique*, Éditions du Rocher, 2019.
7. Jean-Philippe Delsol, « Éoliennes, la face noire de la transition écologique », Contrepoints.org, 21 octobre 2019.
8. Par exemple on peut penser que les réglementations changeantes concernant l'assainissement non collectif sont encouragées par les *baptists*, désireux d'améliorer la qualité des rejets, mais aussi par le puissant lobby des multiples *bootleggers*. Un simple et fréquent changement des normes est en train de ruiner des centaines de milliers de propriétaires de maison individuelle. Cela fait penser à « La parabole de la vitre cassée », premier chapitre de *Ce qu'on voit et ce qu'on ne voit pas*, essai écrit par Frédéric Bastiat en 1850. Son objet est de combattre le sophisme économique du même nom, selon lequel le bris d'une vitre se ferait non seulement au profit du vitrier mais aussi au bénéfice de l'intérêt général, en ce qu'il favorise la croissance et l'emploi... du keynésianisme avant la lettre !
9. Michel Gay et Jean-Luc Salanave, « Une économie verte et respectueuse des Français, c'est possible », Contrepoints.org, 18 octobre 2019.
10. L'article « Milliardaires et médiavores », dans *Le Canard enchaîné* du 18 septembre 2019, remarque : « Une grande partie des médias français est contrôlée par une dizaine de milliardaires... Désormais, parmi les quotidiens et hebdos, quatre seulement n'appartiennent pas à des groupes industriels ou financiers. »

L'ÉTONNANTE HISTOIRE DE LA COLLECTION WALTER-GUILLAUME À L'ORANGERIE

› **Christine Clerc**

Après quelques mois de travaux, les salles du musée de l'Orangerie consacrées à la collection Walter-Guillaume accueilleront à nouveau le public en avril. On redécouvrira 146 œuvres – de Renoir à Picasso en passant par Monet, Derain, Matisse, Modigliani... Mais qui connaît l'histoire de cette prestigieuse collection, cédée à l'État à la suite d'un accord secret entre André Malraux et la veuve de Paul Guillaume et de Jean Walter, « Domenica la diabolique » ?

Elle a 20 ans et elle débarque à Paris déterminée à perdre son accent de l'Aveyron et à faire fortune lorsqu'une première photo nous la montre un dimanche en short, jeune fille encore mal dégrossie, adossée à un arbre auprès d'un garçon mince dont la moustache et la raie au milieu des cheveux noirs font penser à Proust. Elle s'appelle alors Juliette Lacaze. À Millau, où son père est clerc de notaire, les filles qui travaillent sont ouvrières dans les fabriques de gants. Plus tard, elle-même portera de longs gants en chevreau pour protéger ses mains de cruels rhumatismes et parce que c'est la mode dans la haute société. En attendant, elle est employée au vestiaire d'un night-club célèbre de Montparnasse, Le Viking. C'est là, à l'aube des Années folles, que l'ambitieuse au regard magnétique rencontre le jeune homme aux allures proustiennes, Paul Guillaume.

Lui a commencé par être vendeur dans un garage de luxe près du Trocadéro. Un vendeur plus passionné par l'art nègre que par les voitures. Un matin, en passant devant la vitrine d'une blanchisseuse de Montmartre, il tombe en arrêt devant une « idole noire » exposée là pour de mystérieuses raisons. C'est un véritable coup de foudre. Nous sommes en 1904. « L'enquête que je menai, écrira-t-il (1), me conduisit à la découverte du berceau de la précieuse effigie : elle provenait de Bobo-Dioulasso. » À dater de ce jour, le jeune homme va fréquenter assidûment le musée ethnographique du Trocadéro et sa bibliothèque. Il va devenir l'un des meilleurs connaisseurs de l'art nègre mais aussi, bien avant Jacques Chirac, l'un des plus ardents défenseurs de civilisations dont « les principes régénérateurs ont conféré une force et une mesure fraîches à la peinture, la sculpture, la musique, la poésie et l'architecture » du monde occidental. Pour l'heure la statuette, qu'il a achetée et exposée devant les Hispano-Suiza et les Bentley, va lui donner la chance de sa vie.

Christine Clerc est journaliste. Dernier ouvrage paru : *« Adieu la France ! » Pourquoi de Gaulle est parti* (Éditions de l'Observatoire, 2019). À paraître en octobre 2020 : *Domenica la scandaleuse* (Éditions de l'Observatoire).

Passant par là, le poète Guillaume Apollinaire est attiré par l'objet en vitrine. Il entre et entame une longue conversation avec le jeune vendeur. Il lui parle de ses amis : Henri Matisse, qui marque une prédilection pour des divinités analogues aux dieux lares de l'Antiquité hellénique, Maurice de Vlaminck, qui constitue une collection africaine dans sa maison de Chatou, André Derain, qui possède un masque « émouvant comme une hallucination ». Sans oublier Georges Braque et Marie Laurencin, convertis à « la nouvelle esthétique », ni Picasso, qui possède plusieurs masques et statues mais affiche « la coquetterie de n'attacher aucune importance aux époques » – ce qui irrite fort Paul Guillaume. Bientôt l'initié va exposer non seulement des masques africains, mais des toiles d'artistes encore ignorés – André Derain, Chaïm

Soutine, Amedeo Modigliani – reconnaissants de pouvoir ainsi se faire connaître. Au fil des mois, il va même acquérir, à bas prix, plusieurs de leurs œuvres.

En 1920, il épouse Juliette et la rebaptise « Domenica ». Il ouvre une galerie rue La Boétie, non loin de celle des Rosenberg. Il conseille de riches mécènes comme l'Américain Albert Barnes. Le couple quitte son modeste appartement pour un somptueux 630 mètres carrés avenue du Bois (2) avec maître d'hôtel, femmes de chambre, cuisinière et chauffeur. Les meubles sont Art déco, les murs ornés de toiles de leurs amis et protégés. Domenica s'habille chez les grands couturiers. Les Guillaume mènent grand train, fréquentant non seulement des artistes et des écrivains comme Jean Cocteau mais des hommes politiques de la IIIe République comme Albert Sarraut, ministre radical-socialiste des Colonies, et Edgar Faure, futur président du Conseil. Ils invitent leurs amis à un « bal nègre » où les femmes dansent à moitié nues. Paris est une fête.

Modigliani fait deux portraits de Paul, avec son col dur, son petit chapeau et sa cigarette. Domenica préfère poser pour Marie Laurencin, qui la représente en jeune femme douce et rose, presque diaphane, et surtout pour André Derain, qui l'immortalise en 1929 par son *Portrait de Madame Paul Guillaume au grand chapeau*. Le visage mince est auréolé d'un grand chapeau couleur crème. Sous les sourcils soigneusement épilés, les grands yeux sombres fascinent par leur mystère. La bouche, petite et gourmande, évoque les portraits d'aristocrates du XVIIIe siècle. Le cou, la gorge et les bras nus ont, sous le châle de soie blanche, l'éclat de la nacre. Le poignet très fin laisse deviner une montre-bracelet sertie de diamants. À 30 ans, Domenica est au sommet de sa beauté – et de son pouvoir sur les hommes.

Au retour d'un voyage à New York, en 1932, elle fait la connaissance, à bord d'un luxueux paquebot, d'un grand et bel homme élégant, Jean Walter. Architecte de renom, celui-ci a conçu l'hôpital Beaujon mais aussi dans le XVIe arrondissement, de prestigieux immeubles qui portent son nom. Il possède en outre les mines de plomb de Zellidja, à Sidi Boubker, au Maroc. Il a 49 ans, Domenica, 34. Il tombe amoureux d'elle au point de quitter sa femme… et d'accepter d'héberger sa maîtresse avec son mari dans son appartement de l'avenue du Maréchal-

Maunoury, leur propre résidence devenant alors un lieu d'exposition. Paul Guillaume est un mari complaisant. La société des privilégiés dans cet entre-deux-guerres est étonnamment permissive…

Mais le 1er octobre 1934, Paul Guillaume meurt, à 43 ans, d'une crise d'appendicite aiguë. Domenica l'a amené trop tard à l'hôpital… On découvre alors que le riche galeriste a laissé des instructions afin de léguer sa collection au musée du Luxembourg. Certes, Domenica en garde la jouissance. Mais elle veut davantage : la pleine et entière propriété. Avec l'aide de son frère, Jean Lacaze, qu'elle a fait embaucher par Walter, elle monte alors un incroyable scénario : un coussin sur le ventre pour se rendre aux essayages chez Balenciaga, elle simule une grossesse. Chez une trafiquante de bébés connue de la bonne société, on lui trouvera un fils – Jean-Pierre, surnommé « Paulo ». Jean Walter, qu'elle épousera en 1941, le traitera comme son propre fils. Paulo sera pourtant mis en pension. Car Domenica a autre chose à faire que s'occuper d'un enfant. Il s'agit de s'approprier la collection Guillaume.

À bientôt 50 ans, la silhouette alourdie, le front très dégagé sous les cheveux teints de couleur blond auburn et le regard impérieux, elle apparaît désormais, dans son manteau de vison, comme une redoutable femme d'affaires.

Elle commence par vendre les sculptures africaines ainsi que les toiles de Giorgio De Chirico et les tableaux de la période cubiste de Picasso, qui ne sont pas de son goût. Puis, elle achète des Gauguin et des Sisley ainsi que deux Cézanne : *Le Rocher rouge* et surtout *Biscuits et pommes*, qu'elle enlève en 1952 dans une vente aux enchères sous le nez du milliardaire grec Stávros Niárchos… pour 33 millions de francs ! On la croit folle. Elle est très avisée. En procédant à de telles acquisitions dont toute la presse se fait l'écho et en inversant les noms de ses deux maris, elle s'impose comme la figure centrale de la collection rebaptisée « Walter-Guillaume ».

Sous l'Occupation, Paul Guillaume a d'ailleurs été presque oublié. De nouveaux marchands d'art sont devenus célèbres. Domenica, elle, a continué de fréquenter les grands couturiers et le monde du pouvoir. Mais, Jean Walter ayant été incarcéré durant neuf mois pour ses amitiés dans la Résistance, elle a échappé, la Libération venue, à l'épuration.

On dirait qu'elle échappe à tout. Le 10 juin 1957, alors qu'ils passent le week-end dans leur propriété du Loiret, Jean Walter rentre à pied du village de Dordives, où il a déjeuné avec sa femme et le nouvel amant de celle-ci, le Dr Maurice Lacour, homéopathe. Une voiture le fauche. Domenica et Lacour décident de transporter eux-mêmes le blessé à l'hôpital de Montargis. Quand ils y arrivent, Walter est mort. Domenica hérite d'une énorme fortune. Multimilliardaire, elle vit entourée de son frère Jean Lacaze, qu'elle a placé à la direction des mines de Zellidja, et du Dr Lacour, chargé, lui, d'administrer l'œuvre créée par Walter pour la jeunesse, les bourses Zellidja. Elle aura d'autres amants, parmi lesquels un dirigeant du Parti communiste. En attendant, il lui reste à éliminer son fils adoptif. Photographe à *Paris Match*, Paulo se fait draguer par des filles mal intentionnées. Il pourrait avoir des prétentions... De retour de son service militaire en Algérie, le jeune homme est abordé par un ancien officier parachutiste. Celui-ci lui révèle qu'on lui a proposé une grosse somme pour le « descendre ». Il va empocher l'argent en prétendant avoir accompli sa mission, puis tout révéler à la presse.

L'affaire provoque un énorme scandale. Dénoncés par l'ancien para, Jean Lacaze et Maurice Lacour sont condamnés à plusieurs mois de prison. Domenica « la diabolique » fait la une de la presse. On la voit descendre les marches du palais de justice à côté de son avocat, le célèbre Me Floriot, ses mains gantées devant les yeux pour se protéger des flashs. Mais elle va échapper à la prison, et ses deux complices présumés vont assez rapidement en sortir. Nommé par de Gaulle ministre des Affaires culturelles, André Malraux passe en 1959 avec la « dame au grand chapeau » (3) un accord dont les conditions restent mystérieuses. Ses tableaux deviendront propriété de l'Etat. Mais, jusqu'à sa mort, causée en 1977 par sa chute inexpliquée contre un guéridon du grand salon dont l'Orangerie expose la maquette, Domenica vivra au milieu de sa collection « Walter-Guillaume ».

1. *Les Écrits de Paul Guillaume*, Ides et Calendes, coll. « La bibliothèque des arts », 1993.
2. Aujourd'hui avenue Foch.
3. Florence Trystram, *La Dame au grand chapeau. L'histoire vraie de Domenica Walter-Guillaume*, Flammarion, 1996.

EXTINCTION DU DOMAINE DE L'ÉBLOUISSEMENT

› **Ulysse Manhes**

La semaine dernière, j'ai décidé spontanément, comme une légère fièvre qui me prend parfois, d'aller gambader dans les vastes prés d'Internet, au cœur du grand bazar vidéographique du monde contemporain. Sur l'écran de mon ordinateur, l'offre est toujours inépuisable : des dizaines d'archives de vieux chanteurs ou de plus ou moins jeunes conférenciers, des centaines de bandes-annonces de films de tous les niveaux, des milliers d'extraits de débats de plateaux télévisés, quelques millions de tutoriels de guitare, de philo, de muscu, et d'idioties incompréhensibles… Au milieu de ce magasin aussi labyrinthique que sans murs, un titre m'attire l'œil presque par hasard, sobre, lapidaire : « Aux sources du racisme. » La vidéo affiche une dizaine de minutes, je clique à l'instinct. Petit documentaire produit par Arte : Jean-Christophe Victor, ethnologue chercheur, expert en géopolitique, mort il y a trois ans, met aussitôt les pieds dans le plat :

> « Si vous posez autour de vous la question "Combien y a-t-il de races sur la Terre ?" la réponse est à peu près toujours la même : il y en aurait quatre, chacune déterminée

> par la couleur de la peau et chacune correspondant à un continent. Or ce qui se raconte là est complètement faux. Mais un très grand nombre d'entre nous pense cela et, pire encore, les races pourraient tout à fait ne pas être égales entre elles. Alors comment est-on arrivé à croire cela ? Et à le croire encore aujourd'hui, faisant vivre ainsi en permanence le racisme ? *[...]* Le racisme est dans nos mémoires. C'est de cela que je voudrais vous parler aujourd'hui. (1) »

Le documentaire présente alors une carte ethnographique issue d'un atlas de 1907 : « Cette carte provient du géographe français Vidal de la Blache, et l'on y constate la corrélation entre continents et prétendues races qui s'y rattachent. Il y en aurait neuf. » La caméra fait alors un gros plan sur la légende du document, présentant les principales races, parmi lesquelles on lit notamment « nègres et négroïdes », « mongoloïdes », « pygmées d'Afrique », « européens », et « indiens civilisés des plateaux »… Un léger malaise, confus, s'empare de mon esprit. « Cette carte a été vue par des millions de jeunes Français, et ce jusqu'au milieu du XXe siècle. *[...]* D'après *[elle]*, l'espèce humaine est divisée en races, c'est-à-dire des populations qui se distinguent les unes des autres par certains traits héréditaires comme la couleur de la peau, qui est la différence la plus visible. » La démonstration du conférencier sur la généalogie du racisme se poursuit avec les travaux naturalistes du Suédois Carl von Linné, des Français Georges-Louis Buffon et Paul Broca, et avec l'ouvrage célèbre de 1801 *Histoire naturelle du genre humain* de Julien-Joseph Virey, jusqu'à cette conclusion :

Ulysse Manhes est étudiant en 3e année de philosophie à l'université Paris sciences et lettres (PSL).
› ulyssemanhes@yahoo.fr

> « Les théories raciales sont confortées par la science, aux XVIIIe et XIXe siècles, et peuvent ensuite se diffuser largement. Par exemple, le manuel scolaire *Le Tour de France par deux enfants* nous enseigne qu'il y a quatre races, et que la race blanche est "la plus parfaite des races humaines". Songez qu'entre 1877 et 1977, ce

> livre est vendu à 8 millions et demi d'exemplaires, soit autant d'enfants qui assimilent ces idées-là à l'école. Ces enfants ont été nos grands-parents, ou peut-être même nos propres parents. Cela explique en partie comment nous avons été conduits à penser de façon aussi fausse. »

Je m'aperçois que je reste interdit de longues minutes encore après la fin du documentaire, imperméable aux publicités pour boissons gazeuses et autres produits glucidiques venues succéder au documentaire. Je sens au fond que je demeure perplexe, suspendu dans cette révélation de l'héritage d'un passé commun, méthodiquement raciste, justifiant une supériorité de l'Occident par des travaux scientifiques et une autorité universitaire.

C'est ce matin, sur un banc du jardin du Luxembourg, qu'une coïncidence s'est manifestée, toujours sous la forme d'un grand clin d'œil faisant douter du hasard. Lisant Julien Gracq dans ses entretiens avec Jean-Louis Tissier, voici ce qui me saute au visage :

> « J'étais bon élève et on m'a fait lire le *Tableau géographique* de Vidal de la Blache. Cela a été une rencontre décisive *[...]* C'est l'enchaînement qui est remarquable *[chez lui]*, ce sont les transitions d'une région à l'autre, où il marque, dans un paragraphe, par petites touches climatologiques ou bien concernant la nature du sol, la végétation, un passage graduel. Le mot d'ordre du livre c'est "graduellement", il y a une sorte de fondu enchaîné continuel. C'est remarquable parce que cela donne une impression d'unité, et la géographie régionale a tendance à compartimenter. Il y a là un sens des harmoniques, des liaisons en tous sens. Il y a aussi une maîtrise de la langue qui est étonnante. Par là c'est un très beau livre, un livre vivant. Et je dirais même que c'est une œuvre d'art, car au fond ce qui fait vivre une œuvre d'art, ce sont les relations internes, la multitude des relations dans tous les sens, comme disait Valéry. (2) »

Pardon ? Comment des travaux aussi idéologiquement marqués que ceux de Paul Vidal de la Blache ont-ils bien pu être décisifs pour un homme comme Gracq, cet esprit libre proche des surréalistes, cet homme si peu partisan, au point de vouloir marcher dans ses pas en déterminant ses études de géographie ?… J'apprends hier que Vidal de la Blache se trouve *aux sources du racisme*, et je lis aujourd'hui qu'en plus d'être un grand écrivain, il est l'auteur d'un corpus littéraire relevant presque de l'œuvre d'art. Bien sûr, nous savons qu'il n'y a pas d'incompatibilité entre le dérapage des idées et la beauté d'une langue, mais tout de même, il faudrait savoir sur quel pied danser…

Décidé à en avoir le cœur net, je tape les mots-clés « Vidal de la Blache, racisme » sur mon ordinateur. Première proposition qui s'offre, un article universitaire de Julien Lacassagne, un professeur d'histoire et de géographie au lycée international Alexandre-Dumas à Alger, publié par Mediapart : « Les parts d'ombre de la géographie française ». Vers le milieu de l'étude, j'arrive au cœur du sujet :

> « Modèle du mandarin et du géographe de cabinet, opportuniste et conservateur, Vidal de la Blache semble cumuler les caractéristiques qui vont durablement marquer de leur empreinte la géographie française. Versaillais puis serviteur zélé de la IIIe République, lié à Jules Simon et à Jules Ferry, prenant soin de ne prendre aucun parti pendant l'affaire Dreyfus, il fut l'incarnation d'une profonde frilosité intellectuelle. Directeur de publication pour Armand Colin, il diffusa une multitude de cartes "Vidal-la Blache" qui, une fois épinglées sur les murs des salles de classe des écoles de France – lui assurant au passage de confortables revenus sur un marché public dont il avait le monopole –, insufflaient aux écoliers et à leurs enseignants un sentiment d'appartenance à la patrie, un esprit revanchard – à la vue des deux taches endeuillées recouvrant l'Alsace et la Lorraine – et enfin la fierté qu'inspire à ceux qui n'ont rien l'assurance que leur pays possède un empire

> colonial étendu. En 1903 fut publié le *Tableau régional de la France*, introduction à *L'Histoire de France* du maître de l'histoire officielle Ernest Lavisse. Quasi uniques références dans le domaine scolaire, la géographie vidalienne et l'histoire lavissienne ont littéralement construit la nation et le patriotisme français. (3) »

Bon, soit. En le renvoyant dans le périmètre intellectuel de Charles Maurras, l'enseignant d'Alger fige Vidal de la Blache dans un nationalisme indécrottable, teinté subrepticement de la référence à l'empire colonial. Pour autant, le nationalisme n'était-il pas, à cette époque, un sentiment partagé par l'ensemble des… nations ? Les guerres ultérieures ne l'établissent-elles pas dramatiquement ? Y a-t-il eu une critique du racisme à l'époque de ces textes et l'assimilation du racisme au nationalisme ne provient-elle pas, dans une partie de l'Occident, d'une mode toute récente ? De fait, l'article ressemble davantage à un règlement de comptes, utilisant pernicieusement de prétendus défauts personnels du géographe (mandarinat, frilosité, enrichissement…). Pourtant, 296 000 vues pour la vidéo « Aux sources du racisme » et des milliers de lecteurs de Mediapart : le sort raciste du vieux géographe conservateur semble scellé…

Il reste pourtant quelques grains de sable. Je sens que cette « affaire de la Blache », comme diraient les journalistes, m'échappe encore pour l'essentiel. Il y a d'autres choses à en dire que ces simplifications morales et rétrospectives. L'expérience de Julien Gracq m'embarrasse, j'aimerais comprendre le caractère *décisif* de cette rencontre. Je continue mes recherches, qui finissent par me conduire à un texte de jeunesse de l'auteur du *Rivage des Syrtes*, datant de 1948, quand il signait encore de son vrai nom, Louis Poirier. Ce texte fut publié dans la revue *Critique* : « L'évolution de la géographie humaine. » Dès la deuxième page, le jeune Louis Poirier s'exprime sur la géographie humaine en général, née dans la première moitié du XIXe siècle (en même temps que les travaux naturalistes et ceux de Vidal de la Blache en particulier) :

« Le schéma imaginatif – très parlant – qui sous-tendait les recherches de ces premiers géographes était celui de "colonies humaines" fondamentalement analogues aux colonies des plantes, essaimant sur la planète dans une soumission aveugle aux conditions de relief et de climat selon des lois naturelles qu'on s'efforçait de dégager. *[…]* En simplifiant (et naturellement en déformant beaucoup) cette tendance originelle, on peut dire que la géographie humaine est née vraiment comme une pure écologie de l'homme – un essai d'explication des groupements et des modes d'organisation sur le globe de quelque chose comme une faune humaine *[…]* On pourrait caractériser de ce point de vue la géographie humaine du siècle dernier en disant d'elle qu'au fond elle se sentait prête à souscrire à la formule déterministe d'après laquelle "l'histoire des hommes est écrite sur la carte". Et en excluant délibérément toutes les nuances qu'appellerait dans le jugement une œuvre aussi suggestive, aussi sensible déjà à la réalité complexe et enchevêtrée du milieu géographique que celle de Vidal de la Blache, on peut dire que c'est encore une conclusion de ce genre que suggère – sans la formuler – sa puissante démonstration. (4) »

Une œuvre « aussi sensible déjà à la réalité complexe et enchevêtrée du milieu géographique » : le constat de Gracq n'a rien à voir avec la condamnation sans appel que réserve notre époque à Vidal de la Blache. Ce qui me frappe au fond, en profane de la géographie, c'est l'*émotion* avec laquelle Julien Gracq évoque l'œuvre de Vidal. Un émerveillement suscité par la découverte d'une œuvre nouvelle et subtile, par une rencontre.

Car c'est par cette rencontre notamment, durant ses années de collège ou de lycée, que le jeune Gracq explique qu'il s'est mis à regarder les paysages, à lire des cartes géographiques, à vouloir comprendre les phénomènes humains (la « *faune* humaine ») à l'aide de la géographie et de l'histoire. Sa sensibilité au monde, à la diversité, aux grands espaces et à la rêverie a été accouchée par ces lectures géographiques. Certes, Gracq a lu Vidal de la Blache *en enfant* et n'a pas vu chez lui le nationaliste auquel son œuvre est aujourd'hui réduite, mais un amour du monde, un goût des voyages, une relation au territoire. Et c'est là que s'éclairent pour moi les leçons de cette courte enquête dans les sources de la géographie où les coïncidences de mes curiosités se sont enchevêtrées. Qui aboutissent à deux petites leçons, disons en forme de morale.

D'abord, il apparaît patent que la géographie est devenue une matière dangereuse. Fixant sur le papier des observations, les cartes géographiques superposent des continents et des types humains et consacrent des territoires et des frontières, autant de notions devenues obsolètes aux yeux de la pensée moderne, tenante de l'histoire globale, des syncrétismes et des flux constants ; la géographie est devenue dangereuse car les cartes méconnaissent généralement les migrations humaines et les métissages, et elles contredisent en outre l'enjeu désormais global de nos sociétés, le monde-village des politiques économiques et écologiques où se joue la survie de l'homme. La géographie, avec ses découpes héritées du passé, ses marqueurs territoriaux et ses typologies humaines, se retrouve *de facto* prise dans le giron du racisme moderne.

Ensuite, Julien Gracq semble désormais seul et sans défenseur, comme Don Quichotte pris seul dans ses éblouissements. Seul à voir Vidal de la Blache d'abord comme *un écrivain*. Son « sens des harmoniques, des liaisons en tous sens », sa maîtrise de la langue, sa capacité de suggestion, son audace intellectuelle de relier l'homme à « une réalité complexe et enchevêtrée du milieu géographique » apparaissent désormais inaudibles, discrédités par la morale non littéraire du présent. En cela, on comprend que Gracq est d'abord un artiste pour qui la forme reste la première relation au monde. Mais également, plus simplement, il est probable que Gracq soit l'un des seuls des commentateurs de Vidal de la Blache à l'avoir vraiment et intégralement lu *dans l'esprit*.

Milan Kundera définissait le totalitarisme comme la *politisation généralisée* : rien n'échappe au domaine du politique. Le totalitarisme contemporain est davantage une *moralisation* généralisée, un nouveau catéchisme où les choses du passé semblent scannées aux rayons X, puis asséchées à leur seul contenu idéologique… Si les étudiants d'autrefois, entre 1877 et 1977, avaient l'esprit formé aux dogmes nationalistes des leçons de Lavisse et les cartes de Vidal de la Blache, les nouvelles générations abreuvées d'antiracisme ne se rendent-elles pas à elles-mêmes impossible *de facto* une expérience de rencontre esthétique comme celle vécue par Gracq ? Le revers de l'extension du domaine de la morale, ce serait ainsi l'extinction du domaine de l'éblouissement.

1. Jean-Christophe Victor, *Le Dessous des cartes. Mémoires du racisme*, Arte France Développement, 2012, youtube.com/watch?v=RGiNCWktW_w (consulté le 11 septembre 2019).
2. Julien Gracq, « Entretien avec Jean-Louis Tissier » (1978) in *Œuvres complètes*, tome II, Gallimard, coll. « Bibliothèque de la Pléiade », 1995, p. 1193-1196.
3. Julien Lacassagne, « Les parts d'ombre de la géographie française », Mediapart.fr, 16 mars 2018, blogs.mediapart.fr/julien-lacassagne/blog/160318/les-parts-d-ombre-de-la-geographie-francaise (consulté le 11 septembre 2019).
4. Louis Poirier (Julien Gracq), « L'évolution de la géographie humaine », *Critique*, n° 8-9, janvier-février 1947, p. 86-94.

CRITIQUES

LIVRES

Paris-Berlin : une mésentente cordiale ?

› Robert Kopp

Dans l'imaginaire de beaucoup de nos politiques, ainsi que dans celui du grand public séduit par quelques clichés qui traînent dans tous les manuels, la rencontre parfaitement mise en scène entre le chancelier Adenauer et le général de Gaulle, en 1963, joue le rôle d'une scène fondatrice : celle qui inaugure une ère de paix, de stabilité et d'équilibre en Europe que le traité de l'Élysée était censé garantir. Il s'agit là pourtant d'une illusion d'optique que l'éminent spécialiste du monde germanique Édouard Husson, directeur d'un centre de recherche sur l'Allemagne à l'université de Cergy-Pontoise et auteur de plusieurs études remarquées sur l'Allemagne, contemporaine tient à dissiper (1).

Dans un des tout premiers volumes de la nouvelle collection « Esprits du monde » que dirige Gilles Kepel, il commence par replacer les relations franco-allemandes dans leur contexte historique, afin de mieux faire comprendre qu'en dépit des déclarations répétées sur l'importance et l'immuabilité de l'axe Paris-Bonn ou Paris-Berlin, l'Allemagne a toujours été réfractaire à une Europe dont la Grande-Bretagne serait exclue et qui prendrait ses distances avec l'Alliance atlantique. Elle faisait acter ses réserves par un préambule à ce traité ajouté par le Bundestag et largement inspiré par Jean Monnet qui affirmait la priorité de l'Alliance atlantique sur toute coopération avec Paris. Déliée par conséquent de ses égards envers son partenaire, la France se sentait désormais libre de mener sa propre politique de « détente, entente et coopération », notamment avec le bloc communiste, reconnaissant la Chine, quittant le commandement intégré de l'Otan, critiquant la guerre du Vietnam, options auxquelles la République fédérale d'Allemagne (RFA) refusait de se rallier.

Contrairement à ce que l'on pourrait croire en se fiant aux déclarations officielles, la prise de distance de Paris envers Bonn s'est encore accentuée. Sauf que, prise dans les turbulences de la fin du système de Bretton Woods et les chocs pétroliers, la France, traditionnellement attachée, depuis le franc germinal, à la stabilité monétaire, n'a eu d'autre choix que d'arrimer le franc au Deutsche Mark. Et lorsque fut introduit l'euro, en échange de la réunification allemande, la nouvelle monnaie, pour être acceptée en Allemagne, devait évidemment suivre les règles qui avaient présidé quarante ans auparavant à la mise en place du Deutsche Mark. Aussi le pacte de stabilité n'est-il pas une invention machiavélique de chanceliers allemands autoritaires ou d'une Bundesbank psychorigide, mais la transposition de la gestion de la monnaie à l'allemande à l'échelle européenne.

Si François Mitterrand et Jacques Chirac ont fait le choix de l'Europe, c'était en partie pour se protéger de l'Allemagne. Valéry Giscard d'Estaing, en revanche, et Emmanuel Macron pensent que la France doit se mettre à niveau pour peser à nouveau. Mais, comme le souligne Édouard Husson, les espoirs de l'actuel président de pouvoir compter sur une politique ambitieuse d'investissements publics, à défaut d'obtenir des transferts financiers comparables à ceux que l'Allemagne avait concédés à l'ancienne RFA, furent déçus. Le volontarisme français n'a pas suscité d'écho outre-Rhin.

Sans doute la personnalité de la chancelière y est-elle pour beaucoup. Élevée en Allemagne de l'Est dans une famille de pasteurs luthériens qui avait choisi d'aller vivre dans un pays du « socialisme réel », elle s'était installée « dans une zone grise, entre la collaboration et l'opposition, où l'individu fait en sorte de se créer un espace de tranquillité, passant des compromis avec le régime en espérant qu'ils ne débouchent jamais sur une compromission complète » (2). Entrée en politique seulement après la chute du Mur, elle a fait son apprentissage aux côtés de Helmut Kohl, avant de tuer le père et de s'installer dans ce qu'Édouard Husson définit comme son « ordo-progressisme », qui venait remplacer l'ordo-libéralisme conservateur de la démocratie chrétienne et la social-démocratie. Ce logiciel, toutefois, ne lui permet plus de comprendre le monde qui vient, celui de la fin de la bienveillance américaine, du Brexit, du basculement de l'Allemagne de l'Est dans le populisme, de l'accroissement des inégalités. « Trente ans après la fin de la RDA et la réunification

– conclut Édouard Husson –, il est temps que les Français prennent conscience du décalage entre le pays d'outre-Rhin tel que François Mitterrand l'avait imaginé – surpuissant et roulant en tandem avec la France – et ce que la RFA est en fait devenue : le plus grand État d'Europe, mais sans volonté réelle d'en prendre la tête. (3) » L'Allemagne, si puissante et si fragile à la fois…

1. Édouard Husson, *Paris Berlin. La survie de l'Europe*, Gallimard, 2019.
2. *Idem*, p. 131.
3. *Idem*, p. 380.

LIVRES

Ann Applebaum

› Frédéric Verger

Ann Applebaum est l'auteure d'ouvrages remarquables (1) qui ont fait d'elle une référence en matière d'histoire du communisme. Professeure et éditorialiste américaine, elle est mariée à Radosław Sikorski, ancien ministre des Affaires étrangères du gouvernement Tusk. Elle soutint l'intervention américaine en Irak mais préféra Hillary Clinton au populisme de Trump. Son mari, dont les prises de position politiques sont marquées du sceau de la lucidité et de la finesse, est souvent considéré comme un ennemi de la Russie par les observateurs étrangers mais est parfois accusé en Pologne de complaisance à l'égard de Poutine. Ces éléments biographiques, témoignant de personnalités complexes, ambivalentes, ne sont peut-être pas sans rapport avec l'ambiguïté des analyses de *Famine rouge* (2).

Ce dernier ouvrage est consacré à la grande famine qui ravagea l'Ukraine pendant la collectivisation forcée de l'agriculture soviétique. Elle provoqua de 1931 à 1933 la mort de sept millions de personnes dans toute l'URSS, dont environ la moitié dans la seule Ukraine. Lorsqu'elle prit fin, Staline avait réalisé le programme léniniste que pas un autre dirigeant bolchevique n'estimait réalisable. La réussite de cette entreprise faisait de lui – avant que Hitler et Mao ne tentent de lui ravir ce titre – le plus grand meurtrier de masse de l'histoire.

Le livre d'Ann Applebaum est remarquablement intéressant, prenant, et même à certains endroits si déchirant qu'il prend une dimension morale puissante et salutaire. Mais il comporte aussi d'étranges contradictions, gênantes à plus d'un titre.

L'ouvrage est composé en trois mouvements : le premier analyse les rapports entre l'Ukraine et la Russie à l'intérieur de l'empire, puis dans les premières années de la révolution. Mme Applebaum met l'accent sur la réalité du sentiment national ukrainien, sur sa mise en forme intellectuelle dans la seconde moitié du XIXe siècle et sur la surveillance ou répression qu'il entraîna de la part du pouvoir impérial. Peut-être peut-on contester certains de ses jugements qui tendent à dépeindre cette domination sous une forme coloniale ou à assimiler tout sentiment d'identité à un sentiment national au sens politique et moderne du terme. L'Ukraine était très diverse et le sentiment identitaire était sous doute complexe, mouvant, comme l'était le rapport au fait impérial. Mais les jugements plus ou moins explicites qui flottent sur son texte ne déforment jamais les faits, un des grands intérêts du livre étant justement de fournir au lecteur qui n'a aucune connaissance particulière du sujet des informations qui lui permettent de relativiser certains jugements de l'auteure. Elle évoque ensuite les événements d'après 1917, quand le bolchevisme, par faiblesse ou par conviction, accorda une certaine forme d'autonomie culturelle à condition qu'elle soit dirigée par des communistes rattachés à Moscou.

Le deuxième mouvement, bien sûr le plus important, évoque le tournant de la collectivisation forcée décidée par Staline en 1930, sa mise en place, son échec dès 1931. Puis, cœur de l'ouvrage, les mesures exceptionnelles prises en 1932 : réquisitions impitoyables de grain, fouilles, listes noires et interdictions de circulation condamnant à une mort certaine des communautés entières, répression féroce de toutes les manifestations d'identité nationale aboutirent à la grande famine qui fit des millions de morts jusqu'en 1933. Chacun devrait lire ces pages pour des raisons historiques car la synthèse des événements est remarquable de clarté, mais aussi pour des raisons morales et humaines : il y a dans les souffrances et les atrocités vécues alors par des êtres humains un type d'expérience qui dépasse le cadre de l'histoire : comme la Shoah, il nous met face à une situation extrême où c'est notre nature même qu'il nous faut contempler avec une terreur et une compassion qu'il n'est pas ridicule de qualifier de sacrées.

Le troisième mouvement, le plus instructif peut-être, analyse la mémoire de l'événement : son occultation puis l'importance grandissante qu'il prit dans la mémoire et la reconstruction de l'identité nationale ukrainienne contemporaine.

Malgré toutes ces qualités, le livre pose problème car il témoigne d'une certaine ambiguïté de jugement à propos de l'intentionnalité et de la nature génocidaire de la grande famine ukrainienne, deux questions d'ailleurs distinctes. Staline a-t-il sciemment voulu déclencher une famine en Ukraine pour mettre au pas un ferment nationaliste, voire procéder à une extermination massive de population destinée à être remplacée par des Russes ? Une telle interprétation est défendue parfois, notamment en Ukraine. Mais rien dans les documents et les faits qu'évoque avec précision et honnêteté Ann Applebaum ne permet de confirmer une thèse qu'elle-même pourtant semble parfois faire sienne. Faits et documents (car qui saura jamais ce que Staline a pu secrètement penser ?) laissent plutôt entendre que ce meurtre de masse fut causé par la collectivisation, la dékoulakisation, la paranoïa stalinienne, l'incompétence et la cruauté généralisées, l'élimination des responsables qui tentaient d'alerter sur la réalité. La famine ne toucha pas seulement l'Ukraine et fut même proportionnellement encore plus meurtrière au Kazakhstan.

Quant à la dénomination de génocide, l'accepter ou non revient d'abord à s'entendre sur le sens précis qu'on donne au mot. Que les paysans qui refusaient la collectivisation soient exécutés ou acculés à la mort, c'est dans la droite ligne du communisme de guerre. 1930-1933, c'est le communisme de guerre léniniste avec tout le confort du despotisme. Il est de même indiscutable que beaucoup d'acteurs de la culture ukrainienne étaient tués à cette époque uniquement en tant que tels, parce qu'on pensait que leur nationalisme pouvait un jour menacer le régime. Aux juristes de débattre pour décider si ces deux caractéristiques relèvent ou non de la définition juridique du génocide. Si c'est le cas, la collectivisation par Staline de l'agriculture relève bien du génocide mais cette dénomination ne s'applique alors pas seulement à l'Ukraine. C'est là peut-être que réside l'ambiguïté de la position d'Ann Applebaum : si on peut la suivre pour qualifier la grande famine de génocide, c'est à condition de ne pas donner au mot le sens d'un projet concerté d'extermination ethnique.

1. Ann Applebaum, *Goulag. Une histoire*, Grasset, 2005 ; *Rideau de fer. L'Europe de l'Est écrasée*, Grasset, 2014.
2. Ann Applebaum, *Famine rouge*, traduit par Aude de Saint-Loup et Pierre-Emmanuel Dauzat, Grasset, 2019.

LIVRES

Un roi du monde : Basil Zaharoff

› Olivier Cariguel

Nul ne s'improvise marchand d'armes. Le plus grand d'entre eux, Basil Zaharoff (1849-1936), avait la tête de l'emploi : « un profil d'oiseau de proie, un museau de belette ». Parues de son vivant, trois biographies avaient tenté de cerner cet oiseau de malheur pour l'humanité, internationalement connu et haï. Fondée sur la consultation d'archives françaises, étrangères et inédites, la biographie du journaliste économique Tristan Gaston-Breton est la première écrite en français (1). Dans *L'Oreille cassée,* Hergé avait créé le clone de Zaharoff, du nom de Basil Bazaroff (d'abord appelé Mazaroff), visage barbichu en pointe et vêtu d'un loden vert : à peine a-t-il vendu des armes au général Alcazar qu'il saute dans un avion afin de vendre les mêmes à son ennemi. Zaharoff inspira aussi à Orson Welles Gregory Arkadin, le héros de *Dossier secret.* Polyglotte, infatigable agent commercial d'instruments de mort, de la mitrailleuse au sous-marin, il était parvenu à pénétrer le cercle des grandes firmes industrielles internationales qui régnaient en maîtres du monde à l'issue de la Première Guerre mondiale.

Son ascension fut bluffante. Né de parents grecs en Turquie, parti de rien depuis les bas-fonds d'Istanbul, Basil Zaharoff est devenu l'homme le plus riche d'Europe pendant l'entre-deux-guerres. L'ancien rabatteur de clients pour des prostituées du quartier stambouliote de Tatavla, où habitaient les Grecs pauvres, a accompli un rêve de réussite sociale. Il mourut paisiblement en 1936 d'une crise cardiaque, à Monaco qu'il avait failli acheter onze ans plus tôt pour les beaux yeux de sa femme, une duchesse espagnole qu'il épousa à 74 ans. Seul Zaharoff pouvait s'offrir un royaume nécessiteux au train de vie dispendieux. Après avoir fait main basse par surprise sur la Société des bains de mer, il mit un énorme chèque sur la table. Albert Ier, le sympathique prince océanographe, semblait plus à l'aise à naviguer sur les océans que dans les lignes des bilans financiers. Pour remettre à flot son royaume au bord de la banqueroute, la solution était alléchante. Banco ? Son fils Louis II refusa net, flairant le danger de la tutelle d'un personnage aussi sulfureux. Une famille du gotha entre les mains d'un étrangleur gréco-turc, l'histoire s'annonçait palpitante.

La duplicité et la capacité de Zaharoff à perdre tout état d'âme expliquent l'itinéraire tortueux de son incroyable destinée. L'art de la dissimulation était son sport quotidien : d'un continent à l'autre, de l'Argentine au Japon, il concluait de juteux contrats. Dès qu'un pays lui achetait des armes, aussitôt il convainquait son voisin ou son ennemi héréditaire d'équiper au même niveau son armée. Hergé dessinait vrai ! Tous les moyens étaient bons pour ses affaires : mensonges, pressions, coups bas, campagnes de désinformation à une époque où l'information ne pouvait pas être vérifiée facilement. Il acheta des journaux lui servant à alimenter une campagne de presse contre Monaco qui s'était refusée à lui, ou à soutenir les nationalistes grecs impatients d'en découdre avec les Turcs. Représentant commissionné de la firme anglaise Vickers, il savait « se rendre sympathique aux autorités ». Couronnement suprême pour l'ancien voyou, des généraux, des ambassadeurs et des ministres (Georges Clemenceau, Raymond Poincaré) le recevaient à bras ouverts. Il délivrait à certains des pots-de-vin et à d'autres un fauteuil confortable dans des conseils d'administration. Le fils de Clemenceau en bénéficia. Zaharoff fut même élevé sur proposition de Poincaré au rang de grand-croix de la Légion d'honneur pour services rendus. Mais à plusieurs reprises il dut fuir la justice ou des mécontents qui avaient percé ses fausses identités et ses origines douteuses. La légende noire s'est enrichie : « homme qui ne travaille que dans la nuit », « plus grand conspirateur de tous les temps », « magnat de la mort subite ». Il ne fut pas épargné. Aux États-Unis, une commission sénatoriale qui enquêtait en 1934 sur les pratiques des grandes firmes d'armement le qualifia de « plus grand meurtrier que l'histoire ait connu ».

Habile manipulateur, il se doublait d'un philanthrope. Des veuves de guerre, la ménagerie du Jardin des plantes (pour rénover les cages des singes), la Ligue française de la Société des nations, chargée de promouvoir la paix, reçurent ses dons sans sourciller. Insensibles à ce mécénat, des journalistes de gauche, notamment communistes, avaient basculé dans le complotisme, avançant que la Première Guerre mondiale avait été fomentée par les industries privées d'armement pour augmenter leurs profits. Ils voyaient en Zaharoff le complice des politiques, tous responsables des milliers de soldats et de civils tombés en Europe durant les guerres balkaniques puis la Première Guerre mondiale. Une explication commode, simpliste, qui convenait aux populations décimées cherchant désespérément à comprendre l'ampleur de la catastrophe humaine.

L'homme a emporté ses secrets. Il a incendié en 1930 par inadvertance son hôtel particulier parisien en brûlant son journal. Il survécut au sinistre mais ne confia jamais le fin mot de ses affaires. La biographie trépidante de Tristan Gaston-Breton démêle le vrai du faux de la vie mystérieuse et romanesque d'un roi sans pays dont le terrain de jeu était le monde.

1. Tristan Gaston-Breton, *Basil Zaharoff. L'incroyable histoire du plus grand marchand d'armes du monde*, Tallandier, 2019.

LIVRES

Le roman comme épreuve physique selon Dominique Rabaté

› Patrick Kéchichian

La réflexion de Dominique Rabaté sur la littérature contemporaine nous aide considérablement. Un peu égarés et étouffés dans la forêt dense des dernières parutions, nous avons besoin, lecteurs et critiques – même si nous ne l'avouons pas toujours –, d'un peu de lumière, de chemins mieux tracés, et même, oui, de classements. En 2018, l'essayiste analysait avec pertinence cette alternative floue à la fiction romanesque moderne que l'on nomme récit (1). La prose narrative – celle de Bataille, Blanchot, Beckett, Michon, Quignard ou encore de Louis-René des Forêts, dont Rabaté fut l'un des grands lecteurs (2) – ouvre la voie à une « série d'expérimentations touchant aux frontières du roman ». Dominique Rabaté revient aujourd'hui à l'intérieur de ces frontières invisibles. Dans une large série d'études, il analyse ce qu'il nomme « une énergétique du roman » (3). Il souligne que « l'écrivain suit le mouvement qui le porte en l'épousant ou en le contrariant, selon un vouloir-dire qui est autant celui de l'auteur que celui du livre se faisant ». Cette dernière distinction est essentielle. Maître du jeu en apparence, l'écrivain est, de diverses manières, soumis à un « rapport très singulier de forces à l'œuvre dans un roman ». Dès lors, il importe moins de savoir s'il est dominant, décideur, dans ce rapport que de comprendre son effet sur l'œuvre accomplie.

La première étude est consacrée au roman de Fernand Fleuret, auteur bien oublié, publié en 1930, *Jim Click ou la merveilleuse invention* (4). Dans cette « immense machine parodique », le faux se joue du vrai avec délice, et l'automate de l'homme réel, qui perd consistance et réalité. Comme Rabaté le souligne, il n'est pas anecdotique de noter que Fleuret termina sa vie « rongé par le délire », entretenant des « colloques interminables » avec ses amis morts. La folie joue également un rôle, déterminant mais difficile à définir, dans *Le Bleu du ciel* de Georges Bataille, écrit en 1935 et publié seulement vingt-deux ans plus tard. Les questions soulevées par ce roman « fait pour déplaire » et dont « la pulsion de mort est la force motrice », sont celles de la discontinuité et des ruptures narratives, de l'indécidable et tragique rencontre entre « le désespoir politique et *[...]* la défaillance sexuelle ». L'auteur en avait déjà analysé quelques données dans *La Passion de l'impossible.*

La Peste d'Albert Camus, *Le Sang noir* de Louis Guilloux ou *La Route des Flandres* de Claude Simon, mais aussi les romans de Jean-Patrick Manchette ou du tandem Boileau-Narcejac et d'une quinzaine d'autres sont relus à la lumière (ou à l'ombre), de cette même question de la dynamique ou de l'énergétique de l'art romanesque. Les réponses que Rabaté apporte ne sont pas simples, comme le serait la résolution d'une opération mathématique. À chaque fois la complexe relation entre la volonté de l'écrivain et le mouvement propre de la narration (et celui, complémentaire, de l'écriture) est interrogée, ce qui enrichit incontestablement notre lecture. Des romans d'auteurs plus contemporains bénéficient de cette interrogation : Laurent Mauvignier, Maylis de Kerangal ou Marie NDiaye, et aussi Jean Echenoz et Michel Houellebecq.

À propos d'Echenoz, et notamment des romans *Un an* (1997) et *Au piano* (2003), Dominique Rabaté note l'art maîtrisé, de haut vol, pratiqué par l'écrivain – même s'il lui arrive de s'en étonner lui-même – de la « litote narrative ». Les « accélérations » du récit, ne sont jamais théâtrales mais « discrètes », « dictées par ce que j'appellerai une politesse narrative, qui juge du meilleur goût de ne pas insister, de ne pas en faire trop ». On ne saurait mieux dire.

Mais arrêtons-nous un instant sur la lecture approfondie qui est proposée de Houellebecq. Elle est fort instructive et justement mesurée, non en fonction d'un jugement idéologique ou moral préalable – comme trop souvent à propos de l'auteur des *Particules élémentaires* – mais en considération d'un certain art de la narration, d'*Extension du domaine de la lutte* (1994) à *La Carte et le Territoire* (2010). Sans dissimuler le mouvement de sympathie – ou plutôt, ici, d'antipathie – qui anime légitimement toute lecture, Dominique Rabaté souligne que la pensée anti-moderniste (pour le dire vite) de Houellebecq et sa promotion du « roman de la dépression de l'individu contemporain », illustrées par *Extension*, aboutit, dans *La Carte*, à « une représentation cruelle et satirique de l'écrivain par lui-même ». Une sorte d'apothéose négative, en quelque sorte. L'analyse de ce roman conduit logiquement l'essayiste à poser, en conclusion, la question de l'horizon littéraire et philosophique de Michel Houellebecq. Le roman, selon l'écrivain, est-il « un symptôme de notre temps, ou plus que cela ? » Où conduit son « romantisme cynique » ? Il n'est pas certain que ses derniers romans, *Soumission* (2015) et *Sérotonine* (2019), nous aident à trouver une réponse…

1. Dominique Rabaté, *La Passion de l'impossible. Une histoire du récit au XXe siècle*, José Corti, 2018.
2. Dominique Rabaté, *Louis-René des Forêts : la voix et le volume*, José Corti, 1991 ; édition revue et augmentée, 2002.
3. Dominique Rabaté, *Petite Physique du roman*, José Corti, 2019.
4. Fernand Fleuret, *Jim Click ou la merveilleuse invention*, Gallimard, 1930, réédité en 2002 chez Farrago.

LIVRES

Tu éjaculais le néant

› Stéphane Guégan

N'eût-il inspiré, tout ou partie, que *La Valise vide*, *Adieu à Gonzague* et *Le Feu follet* à Pierre Drieu la Rochelle, Jacques Rigaut (1898-1929) méritait une vaste enquête… En fonction de leur adhésion au dadaïsme et au surréalisme, les experts de la littérature des années vingt rangent cette figure idéale de « la génération perdue » parmi les destins brisés de l'après-guerre ou les symboles parfaits du nihilisme d'alors. L'autre possibilité, moins flatteuse mais plus juste, est de suivre notre homme au cœur des Années folles, aux côtés des rescapés et des embusqués de 1914-1918, des fêtards et veinards de toutes sortes, ces obsédés souvent moroses du plaisir à tout prix et à toute vitesse. La biographie très informée de Jean-Luc Bitton (1) laisse ouvertes les deux options : le parasite mondain et le poète sans œuvre, le libertin futile et l'avant-gardiste utile coexistent au fil des pages sans jamais coïncider. La répugnance de Bitton à trancher lui sera reprochée. Veillent encore les gardiens du temple, chez qui brûle le souvenir ému des jeunes activistes de l'absurde et du rêve dégondé qu'étaient Tristan Tzara, André Breton et Louis Aragon. Or c'est le mérite et la rançon des vraies recherches que de ne pas s'enfermer, tel un fade *biopic* américain, dans une seule clef d'élucidation. S'agissant d'un des suicidés les plus magnétiques de l'entre-deux-guerres, la tâche n'était pas évidente. À quelques réserves près, Bitton a réussi à cerner l'ensemble des facettes d'un personnage qui s'en fit un habit de lumière, séduisant et trompeur, exaltant et désespéré, chaud et glacé, comme le revolver dont il ne se séparait jamais.

Au lendemain de sa mort, le 7 novembre 1929, le Maurice Martin du Gard des *Mémorables* consigne la visite et les propos de Drieu, évidemment troublé par ce coup de feu qu'il avait anticipé... Troublé surtout de voir se lever, dans et par ce suicide, un Rigaut plus grand qu'il ne le pensait : « Mourir de ne pouvoir être un écrivain, c'est un beau drame ! Je n'aurais jamais cru Rigaut capable d'un tel courage. Peut-être était-il né pour l'action et ne le savait-il pas ? » Cette mort à 30 ans, révélation et perte pour Drieu, fut une bénédiction pour d'autres : « Les surréalistes, m'a dit Drieu en partant, en feront un saint de leur Église. Ils l'en avaient chassé avec des injures. » La sanctification réparatrice alla bon train... De fait, Jacques Rigaut aura appartenu à la chronique turbulente de ce moment qui vit l'éclosion soudaine de Dada et son remplacement aussi brutal par le surréalisme, nouvelle officine des réfractaires en tout genre. Comme eux, Rigaut est un fils de famille, le second fils, pour être précis, d'un foyer typique de la petite bourgeoisie, malthusienne et soucieuse de réussite sociale. Cadet, il est le préféré, car plus beau que son frère aîné, plus prometteur. Le cursus scolaire le confirme. Au passage, il se fait des amis, dont le futur René Clair, et manifeste très tôt un goût des femmes et des lettres. Goût problématique, sur lequel plane aussitôt la menace de l'impuissance. Bitton ne s'intéresse peut-être pas assez à ce qui sera le thème central de *La Valise vide* de Drieu, qui aborde plus franchement la frénésie sexuelle des années vingt et les frustrations de ceux qui passent pour en avoir incarné le donjuanisme ou le chahut littéraire.

Certes, le biographe laisse bien percevoir les couacs de sa vie amoureuse, la mythomanie dont il l'enveloppe très tôt et l'importance du bordel, où Rigaut ne semble pas avoir toujours connu l'extase. Durant la guerre, objet d'un excellent chapitre, il semble que Rigaut ait fait d'autres expériences et contracté d'autres habitudes : l'homosexualité et la drogue. Devançant l'appel, il avait choisi son arme, la moins exposée, son père confortant les prudences du fils. Quand celui-ci revient à la vie civile, son dossier militaire ne comporte aucune action d'éclat, ses carnets aucun poème de guerre. Il ne lui reste qu'à renouer avec la jeunesse dorée et servir de secrétaire au peintre Jacques-Émile Blanche. La « vipère sans queue » aime les garçons à proportion de ses moyens. Proustien, admirable observateur du milieu artistique, Blanche met Rigaut en contact avec la chapelle dadaïste. Écrivant peu, publiant encore moins, très acteur et assez voyou sous des costumes qui feignent le luxe, l'imprévisible fascine la bande. Car ce mauvais ange de la destruction joue avec la mort. Drieu semble l'avoir sauvé d'un premier suicide en mars 1920. Du moins la rumeur s'en répand-elle. D'après l'un des aphorismes inversés de Rigaut, « la vie ne vaut pas la peine qu'on se donne la peine de la quitter ». Corps opaque et âme transparente, résume Drieu en 1923, année où il publie *La Valise vide*. Cette nouvelle magnifique peint son compagnon de débauche sous les traits d'un certain Gonzague, noceur dont seule la vie fait œuvre. Le noir constat, contrairement à la légende, ne brisera pas leur étrange alliance, pas plus que les amies américaines d'un Rigaut que l'existence des nantis et la drogue à outrance vont maintenir un temps à flot. Puis l'éternel tapeur se cogne à la vacuité de poursuivre ce manège. Un coup de revolver n'a jamais aboli le bonheur de s'évader. D'enfin agir.

1. Jean-Luc Bitton, *Jacques Rigaut, le suicidé magnifique*, Gallimard, 2019. Le Paris des années vingt fourmillait d'Américains, hommes et femmes, d'autant plus libres que leur *cash* et leurs mœurs aimantaient toutes sortes d'individus. Fauché mais plus génial que les divorcées dispendieuses, Ernest Hemingway fut de la fête, achetant un tableau à Miró, croisant André Masson, James Joyce, Ezra Pound, etc. Contemporain de Rigaut, il avait connu le feu sur le front italien... Une très bel album, bourré de photographies de famille, nous permet de l'accompagner de guerre en guerre, de livre en livre, de femme en femme (Michael Katakis, *Ernest Hemingway. Archives d'une vie*, Gallimard, 2019).

CINÉMA
Post-apocalypses
› Richard Millet

Le post-apocalyptique est à la mode, grâce à l'angoisse écologique et, plus précisément, à la « collapsologie », laquelle étudie l'effondrement des sociétés industrielles et la fin possible de l'espèce humaine, consécutivement au désastre écologique en cours.

Le cinéma ne pouvait laisser passer cette angoisse, qu'il restitue sous forme de fiction, d'abord par la science-fiction (dont *La Planète des singes* de Franklin J. Schaffner, en 1968, serait le modèle) et par le film catastrophe, le plus souvent climatique, avec *Le Jour d'après* de Roland Emmerich, sorti en 2004, quand ce n'est pas en montrant la fin du monde elle-même, comme dans le beau film de Lars von Trier *Melancholia* (2011).

Si l'interrogation est pertinente, c'est que, d'une certaine façon, nous ne nous contentons pas de courir à la catastrophe mais que celle-ci est déjà là. Peu en importe, dès lors, la cause, laquelle est souvent métaphorique, le film post-apocalyptique ne pouvant dès lors qu'être un film de survie, de quoi *La Route* de John Hillcoat (2009) est le modèle.

L'excellent y côtoie aujourd'hui le moins bon : *The Domestics* de Mike Nelson, par exemple, est un peu convaincant road-movie où l'on voit un couple rejoindre un endroit plus sûr, à travers une Amérique en proie à des gangs dont la violence ferait passer les Hells Angels pour l'Armée du salut. Le film repose sur l'idée qu'une humanité où les femmes sont devenues rares, et qui est réduite au pire d'elle-même, ne mérite pas de survivre : psychologie sommaire laissant libre cours à une violence qui s'abrite en vain derrière *Orange mécanique*.

Peu convaincant également, car versant dans le film d'horreur, *Hostile* du Français Mathieu Turi, où une jeune femme cherche de la nourriture dans un monde dévasté et menacé par de dangereux mutants. Elle finira, blessée, par reconnaître en l'un d'eux son ancien amant, qu'elle accueillera mourant sur son sein, tout épouvantable qu'il est devenu, en un geste de très politiquement correcte pietà post-catholique.

En revanche, dans l'excellent *Seuls sur terre* de Reed Morano, Del (Peter Dinklage) se croit l'unique survivant d'une catastrophe qui a anéanti l'humanité tout en épargnant les poissons, et sans toucher aux bâtiments de la petite ville. Ce nain solitaire s'est donné pour tâche de nettoyer chaque maison et d'offrir une sépulture aux morts. Le reste du temps, il le passe à la pêche et à la bibliothèque municipale dont il était l'employé. L'arrivée de Grace (Elle Fanning) menace l'ordre que ce misanthrope s'était créé. Il finit par la tolérer, en inversant les rôles, puisque dans le monde d'avant, c'était lui que son handicap isolait. La jeune fille est retrouvée par ses parents adoptifs, interprétés par Paul Giamatti et Charlotte Gainsbourg, qui l'emmènent en Californie, où s'organisent d'autres survivants. Sans Grace, la vie est devenue difficile : Del ira la chercher là-bas, cet étrange couple semblant destiné à devenir les Adam et Ève d'un monde incertain dont on se demande, tant les autres rescapés sont mauvais, si l'ancien ne méritait pas de disparaître.

Remarquable, aussi, quoique grand public, *Bird Box* de la Danoise Susanne Bier, disciple de Lars von Trier. Le film s'ouvre sur une femme en train de descendre en canoë, avec deux enfants, un fleuve des Rocheuses : tous trois ont les yeux bandés. Le film repose sur l'alternance entre la descente de la rivière et de longs flash-back montrant Malorie (Sandra Bullock), une artiste-peintre abandonnée par le futur père de l'enfant qu'elle porte et dont elle refuse d'assumer la naissance. Venue d'Europe, une vague de suicides déferle sur l'Amérique. Malorie se réfugie dans la maison du misanthrope Douglas (John Malkovich), forcé d'accueillir d'autres réfugiés, tous représentatifs de la société américaine. On comprend que les « créatures » (qu'on ne verra jamais, et pour cause, autrement que par les feuilles d'arbres qu'elles remuent ou par leur ombre) ne doivent pas être regardées, sous peine d'être amené à se tuer sur-le-champ. Malorie accouche dans la maison, en même temps qu'Olympia, une autre réfugiée. Cinq ans plus tard, certains ont trouvé le moyen d'échapper aux créatures et à leurs collabos humains. Malorie entend à la radio l'appel de survivants qui se sont regroupés au bout de la rivière, dans la forêt. Le film est une sorte de *Rivière sans retour* post-apocalyptique, parfaitement maîtrisé, et sans niaiserie, qui fait du « recours aux forêts » d'Ernst Jünger l'unique remède contre le nihilisme contemporain, dont le « suicide » est la métaphore. Que Malorie trouve refuge dans un sylvestre institut pour aveugles où ce sont les oiseaux qui veillent sur les survivants donne au film une dimension platonicienne : le mythe de la caverne semble revisité par l'idée que le visible n'est qu'une version du réel.

Je terminerai cette chronique par un film polonais : *Les Rescapés*, d'Adrian Panek, post-apocalyptique, lui, dans la mesure où on peut considérer que l'humanité s'est niée elle-même en mettant à mort le peuple juif dans les camps d'extermination. Nous sommes en 1945. Des adolescents sont libérés par les Soviétiques, et livrés à eux-mêmes. Ils fuient, dans la forêt, les soldats allemands démobilisés et des soldats Russes qui se révèlent non moins dangereux. La forêt est également le territoire des chiens du camp, redevenus sauvages, et qui assaillent l'étrange manoir où ce groupe d'adolescents tente de survivre à la faim. Un huis clos remarquablement filmé, les instincts des uns et des autres montrés sans manichéisme, notamment dans leur attitude envers l'un des adolescents, d'origine allemande, qui est rejeté par ses camarades mais qui trouve le moyen de soumettre les chiens en s'adressant à eux comme il avait vu les SS le faire, la langue de l'ancien bourreau devenant donc la voie du salut, et les chiens, apaisés, finissant par protéger les enfants dans leur fuite. Un film où l'angoisse ne tombe jamais dans le spectaculaire, encore moins dans le *gore*, mais qui propose une remarquable redéfinition des rapports entre l'humain et l'animal.

EXPOSITIONS
Christian Boltanski : d'autres vies que la mienne

› Bertrand Raison

On pourrait commencer par dire que Christian Boltanski, né en 1944 – la date a son importance dans le contexte des bouleversements de la Shoah – est un des artistes majeurs de la scène française et internationale et le situer parmi ses contemporains, ce qui, en somme, serait sans aucun doute pertinent mais nous passerions finalement à côté du contenu concret de sa démarche. De plus, pareille explication ne correspondrait guère à la proposition du Centre Pompidou (1), puisque, de l'entrée à la sortie de l'exposition, aucun cartel ne vient perturber le parcours. Le visiteur est d'emblée projeté dans la pénombre de plusieurs salles où l'on discerne ici et là des photographies, des objets rassemblés dans des vitrines, des murailles de boîtes, des vidéos, des voilages, des voix, des murmures. L'installation ressemble davantage à une mise en scène qu'à un accrochage rigoureux sur cimaises. Insistons même sur l'aspect temporel du trajet et son influence sur la présentation. Aux deux extrémités de l'itinéraire, un panneau lumineux signale en toutes lettres : « départ en bleu et arrivée en rouge », reste donc un entre-deux, un labyrinthe dans lequel celui qui entre va où le pousse sa curiosité sans se soucier de l'ordre de la progression. Notons un détail en hors-champ, si l'on peut dire, du lieu lui-même. La vidéo noir et blanc d'un paysage indistinct, prise d'un train, défile en boucle et à toute vitesse sur les murs des coursives du musée. C'est presque une surprise, car il faut aller dénicher cette image muette presque cachée à la frontière des pièces exposées. Cette raie de lumière vive construit le contrepoint secret de la lenteur et de l'obscurité imprégnant l'ambiance de la déambulation. Ce film (in)discret signe, voire commente, si l'on croit son titre, « Passage », le principe du cheminement proposé. Et effectivement, les photographies comme les objets réunis racontent l'irrémédiable fuite des événements, l'altération des visages. Les *27 Possibilités d'autoportraits* (2007) présentent, sur trois rangées de neuf clichés, des photographies de l'artiste à des âges différents. Or cette exploration du temps enfui ne se concentre que très partiellement sur le vieillissement de l'artiste, ou disons qu'elle emporte avec elle d'autres que lui-même qui partagent inévitablement ce sort commun. Nuançons. Le déclin, en effet, n'affecte pas seulement nos traits mais la mémoire de ce que nous avons été. Tout l'effort de Christian Boltanski va consister à lever l'anonymat de ceux qui, proches ou lointains, nous entourent de leur ombre et qui, tôt au tard, nous emmèneront dans leur sillage. C'est ainsi que, provisoirement, sortent de l'oubli *Les 62 Membres du club Mickey en 1955, les photos préférées des enfants* (1972) comme *L'Album de photos de la famille D., 1939-1964* (1971). Ces deux recueils noir et blanc font miroiter toute la séduction d'une existence normale pour celui qui, de son propre aveu, vivait reclus au sein de sa famille sans sortir de chez lui jusqu'à l'âge de 18 ans. Ils expriment en filigrane la difficulté de Christian Boltanski d'advenir à lui-même et la fascination qu'il éprouve face au temps révolu. Méditation qui l'engagera à interroger d'autres vies que la sienne. À ce point, nous sommes encore dans le contexte des mythologies individuelles et familiales mais déjà au seuil des célébrations votives qui prendront de plus en plus d'ampleur avec la mise en place progressive de rituels consacrés à des inconnus. Vient alors la commémoration des anonymes, à l'exemple de cette *Réserve des Suisses morts* (1990). Extraites des pages nécrologiques d'un journal du Valais, les photos des défunts éclairées par une lampe à pince composent la base d'un vaste reliquaire où se retrouvent les portraits souriants de ceux qui s'en sont allés. Ainsi, au fur et à mesure, le souvenir s'enfle de l'afflux considérable d'une humanité évanouie. Elle apparaît de plus en plus massive dans ces photographies noir et blanc d'hommes et de femmes de *Menschlich* (1994) qui nous regardent et que l'on dévisage sans que l'on ne sache rien de leur singulière condition. Indifféremment mélangés, les portraits sur tissu des bourreaux et des victimes tirés de l'hebdomadaire *Détective* se côtoient sur les mêmes portants auto-éclairés par la lueur blafarde des néons.

Tous s'approchent et s'éloignent dans le scintillement des lumignons, momentanément sauvés de la disparition par notre seule contemplation jusqu'à ce rempart de boîtes où s'inscrivent les noms de ces milliers d'ouvriers qui travaillèrent, entre 1920 et 1940, dans les mines belges du Grand-Hornu. Assurément, il convient de revenir sur la présence minimale du film, ce hors-champ déjà évoqué parce que cet hommage aux morts n'est pas uniquement réservé aux institutions et aux galeries. Il s'effectue le plus souvent hors du cadre strictement muséal en se dispensant parfois du recours aux objets ou aux photographies. En témoigne, sur l'île japonaise de Teshima, le petit musée de Boltanski, Les Archives du cœur, qui conserve l'enregistrement des battements de cœur de quelque 70 000 personnes. Pas de trace plus fine que celle de cette empreinte sonore qui condense la beauté d'une vie écoulée au seul rythme de son intime pulsation.

1. « Christian Boltanski. Faire son temps », Centre Pompidou, Paris, jusqu'au 16 mars 2020.

DISQUES

Beatrice Rana, nouvelle magicienne du clavier

› Jean-Luc Macia

Parfois, une jeune personnalité émerge soudain du tout-venant des virtuoses et nous offre un bonheur inestimable. Beatrice Rana est de cet acabit. Cette Italienne de 27 ans, brune piquante, s'était déjà fait remarquer par deux disques brillants (un Prokofiev, les *Goldberg* de Bach) et elle réussit son troisième d'une manière qui ne laisse aucun doute : nous tenons là une musicienne d'exception, techniquement parfaite mais qui donne sens à son jeu et transcende les sons comme les couleurs d'un clavier. Dans ce CD (1), elle s'avance d'abord en poète avec les *Miroirs* de Maurice Ravel, ces cinq tableaux intimistes un peu impressionnistes où elle fait vivre une subtilité toute de légèreté. Avec elle on voit s'ébattre les « noc-

tuelles », voler comme en apesanteur les « oiseaux tristes » ou résonner les déchirantes « cloches de la vallée » tout en exacerbant la volupté hispanique d'*Alborada del gracioso*. L'alchimie sonore qu'elle installe sans affectation est fascinante. Et le panache arrive en fin de disque avec une *Valse* de fin des temps dont le rythme et les éclats s'imposent sans forcer le trait. Entre-temps c'est Igor Stravinsky qui a les honneurs de la volubilité et de la motricité exubérantes de la pianiste italienne : une transcription d'extraits de *L'Oiseau de feu* et les *Trois mouvements de Petrouchka* enchaînent les détails essentiels dans une orgie de timbres comme on n'en a pas entendu depuis Martha Argerich ou Maurizio Pollini. Beatrice Rana démontre aussi une fantaisie, un sens du discours mobile qui signalent l'intelligence d'une virtuose sachant creuser derrière les partitions pour en dénicher les strates et les chants cachés. Un disque vraiment éblouissant.

Daniil Trifonov a, lui, déjà fait ses preuves et nous avions ici même vanté son disque *Destination Rachmaninov. Departure* avec les 2e et 4e concertos du compositeur russe. Voici aujourd'hui l'*Arrival* avec les deux autres concertos (2). Et on apprécie d'entendre un pianiste qui ajoute une légèreté de touche à une puissance expressive en démêlant la touffeur des lignes, en obtenant une plénitude des timbres et surtout en respirant avec pertinence dans la rythmique épique de ces partitions extraverties. Le *Concerto n° 3*, d'une ampleur marmoréenne, est ici décanté par des variations d'affects et un velouté dans les articulations pour mieux nous accrocher à la houle virtuose de Sergueï Rachmaninov. Le soutien du Philadelphia Orchestra et de Yannick Nézet-Séguin complète par son dialogue brûlant avec le soliste la conception qu'a Trifonov du fil conducteur de ces œuvres. Deux petites pièces transcrites par lui ajoutent une grâce discrète.

Olivier Messiaen n'a pas connu le purgatoire que trop de compositeurs subissent après leur mort mais les disques réussis ne sont pas si fréquents que cela. En voici un qui ose mettre en regard trois grandes œuvres de jeunesse (écrites entre ses 22 et 25 ans) avec une partition tardive d'ambition modeste (*Un sourire*) grâce à Paavo Järvi et l'Orchestre de la Tonhalle de Zurich (3). Tout commence par *Le Tombeau resplendissant* (1931), page où la rage de vivre d'un jeune musicien en recherche voisine avec les béatitudes d'une foi assumée, suivie par *Les Offrandes oubliées* (1930), où une méditation extatique est transpercée en son milieu par une chevauchée haletante et tonitruante que Järvi conduit avec une énergie ardente. Le chef estonien montre sa grande maîtrise en structurant les violents contrastes du premier grand chef-d'œuvre de Messiaen, *L'Ascension* (1933), quatre méditations symphoniques où la contemplation d'un Jésus divin alterne avec deux *Alleluias* tumultueux. Grâce aux sonorités épanouies ou tranchantes de l'orchestre et à la tension de la direction, c'est une dimension romantique qui s'impose à nous. Le génie novateur du compositeur s'y annonce avec splendeur.

La musique baroque reste un des domaines les plus servis par le disque d'aujourd'hui. Lully, d'abord, dont l'un des opéras oubliés, *Isis*, connaît enfin un enregistrement de haut niveau sous la baguette de l'infatigable Christophe Rousset et de ses Talens lyriques (4). Inspiré d'Ovide, le livret de Philippe Quinault s'attache au destin d'Io qui, aimée par Jupiter et poursuivie par la haine de Junon, deviendra la déesse Isis. Avec sa foultitude de dieux et de nymphes, l'intrigue a cette saveur désuète des drames mythologiques du XVIIe siècle mais la musique de Lully en transcende les conventions. Des récitatifs enflammés, des chœurs brillants, des arias à peine esquissées mais toujours touchantes et surtout quelques scènes spectaculaires, comme celle des « climats glacés » qui inspirera plus tard Henry Purcell, exposent le génie du compositeur favori du Roi-Soleil. Surtout, Rousset entremêle avec talent ces éléments hétérogènes pour leur donner une vraie puissance théâtrale. Instrumentalement, c'est une fête sonore qui nous tient en haleine pendant près de trois heures. Et des chanteurs familiers de ce répertoire y exposent la gloire du chant français actuel, à commencer par l'irrésistible Ève-Maud Hubeaux, qui incarne une Io éperdue de sentiments contraires, et Bénédicte Tauran, implacable Junon. Le ténor Cyril Auvity et le baryton Philippe Estèphe, entre autres, s'y couvrent de gloire. Un Lully indispensable.

Reste Vivaldi, inépuisable source de découvertes et de joies musicales. Christophe Coin nous comble avec le troisième volume des concertos pour violoncelle du Prêtre roux (5). Six partitions d'une verve inlassable rappellent l'intérêt du Vénitien pour cet instrument alors nouveau dont il exploite le potentiel avec une inventivité rare. Il le fait chanter du grave à l'aigu, le triture avec une exigence de virtuosité généreuse et l'affuble de ces mélodies lyriques dont on n'épuise jamais le ludisme. Christophe Coin en démêle les embûches avec une souplesse d'expression et un flux des tempos à la scansion éruptive. Tout cela coule avec aisance et enthousiasme. La formation L'Onda Armonica l'entoure d'archets hédoniques aux élans plus vivaldiens que nature. De quoi oublier la grisaille ambiante.

1. Maurice Ravel et Igor Stravinsky par Beatrice Rana, CD Warner 0190295411091.
2. Sergueï Rachmaninov, *Destination Rachmaninov. Arrival. Concertos pour piano nos 1 et 3* par Daniil Trifonov, CD Deutsche Grammophon 028948377701.
3. Olivier Messiaen, *L'Ascension, Le Tombeau resplendissant, Les Offrandes oubliées, Un sourire* par Paavo Järvi, CD Alpha 548.
4. Jean-Baptiste Lully, *Isis* par Christophe Rousset, 2 CD Aparté AP 216.
5. Antonio Vivaldi, *Concertos pour violoncelle*, vol. III par Christophe Coin, CD Naïve OP 30574.

LES REVUES EN REVUE

LES REVUES EN REVUE

Chaque mois les coups de cœur de la rédaction

Zone critique
« Crise sociale »
N° 1, octobre 2019, 228 p., 18 €

Zone critique, animée par Sébastien Reynaud, a été lancée en ligne il y a sept ans. Tout en maintenant sa présence numérique, la revue se décline en version papier à raison d'un numéro par an. Période de crise oblige, l'heure H a sonné. Un dossier sur la crise sociale qui « obsède la littérature et le cinéma » dresse le tableau de notre joyeuse époque. Trois romans militants ou politiques, d'Arno Bertina, de Yannick Haenel et de François Bégaudeau, qui a aussi accordé un long entretien, se recoupent autour du thème de l'insurrection contre le pouvoir en place. Existe-t-il une écriture de la crise ? L'étude panoramique de Marie Gué décortique les effets des inquiétudes environnementales. Après cet état des lieux, place à des textes de création. « En temps de détresse », les poètes ont un rôle à jouer. Aragon et Mireille Havet, dont le *Journal* fut révélé par l'éditrice Claire Paulhan, avaient ouvert la voie. Dans ce sillage, Éléonore de Monchy, née en 1974, dépeint la figure du migrant de quelques vers brefs et percutants. › Olivier Cariguel

Critique
« Gérard Macé, écrivain et colporteur »
N° 870, novembre 2019, 96 p., 12 €

On ne pouvait trouver titre plus adéquat : « écrivain colporteur », Gérard Macé, essayiste et poète, l'est et le revendique. Sa série des *Colportages*, reprise en un volume (et augmentée) chez Gallimard en 2018, en témoigne superbement. Aux totalisations, il a toujours préféré le fragment et la discontinuité. À ce propos, il s'explique dans l'entretien avec Claude Coste (qui a dirigé ce dossier) et Yves Hersant. Il y évoque ses voyages en Italie, au Japon, en Afrique. L'espace réel, géographique, recoupe l'espace mental, intérieur. Celui de la mémoire notamment. Celui de l'imagination également, dont il dit qu'elle n'est pas le seul apanage des romanciers : « Dans tout essai, il y a une grande part d'imagination. » À ce propos, on pourra se reporter à ce qu'il nomme son « récit de lecture » sur Sade, *Et je vous offre le néant*, paru en 2019, toujours chez Gallimard. Le dossier de cette vénérable revue mensuelle fondée en 1946 par Georges Bataille et consacrée à la critique prolongera utilement cette lecture. › Patrick Kéchichian

Carnets de science
« La science peut-elle réparer le monde ? »
N° 7, automne-hiver 2019, CNRS Éditions, 196 p., 12,50 €

La revue biannuelle des éditions du Centre national de la recherche scientifique présente depuis 2006 les travaux de cette institution dans ses multiples disciplines. Le dossier de ce numéro aborde l'influence de la science sur l'état du monde. La préoccupation environnementale, devenue aujourd'hui primordiale, s'exprime à travers trois défis : changement climatique, extension de la pollution et extinction des espèces. Les experts scientifiques avancent des solutions. Leurs recommandations sont-elles pour autant entendues et mises en œuvre par les acteurs politiques ? Comment parvenir aux traductions concrètes des conseils prodigués par les meilleurs spécialistes ?
Carnets de science propose aussi des portraits (Thomas Ebbesen, physico-chimiste spécialiste de l'hybridation matière-lumière) et des articles médicaux (l'immunothérapie dans le traitement des cancers). Les sciences humaines ne sont pas non plus oubliées : une ville antique a été découverte en Irak, aux confins de l'ancienne Mésopotamie. Enfin, des photos issues des riches fonds du CNRS illustrent dans des portfolios la diversité des activités du Centre, qui a célébré durant l'automne 2019 son 80e anniversaire. › Charles Ficat

Sigila
« L'anonyme. *O anónimo* »
N° 43, printemps-été 2019, Éditions de la Maison des sciences de l'homme, 192 p., 17 €

Plus de vingt ans déjà, un bel exploit pour cette revue franco-portugaise qui ausculte patiemment tous les semestres les arcanes du secret. Chaque livraison divulgue un pan de ce continent obscur en déroulant le fil des mystères au prisme d'un examen transdisciplinaire. Ainsi furent abordés dans les numéros précédents la disparition, le silence, l'indiscrétion, la dissimulation, l'énigme… autant de thématiques qui illustrent le champ illimité des entrelacs de l'ombre. Cette fois, l'angle de vision se focalise sur le territoire fertile de l'anonymat. Sont conviés, entre autres, sous l'œil sagace des critiques : un roman portugais du XVIe siècle sans nom d'auteur, un collectif d'artistes caché sous le titre Présence Panchounette qui fit couler beaucoup d'encre dans les années quatre-vingt, le travail des éditeurs inconnus des *Pensées* de Pascal au siècle des Lumières, sans oublier un poème de l'immense Eugénio de Andrade. N'en disons pas davantage, révélons juste que « Sigila » dérive d'un mot portugais désignant le secret. Le lecteur dûment intrigué pourra se reporter à la table des matières consultable sur le site de la revue afin d'avoir un aperçu de ce festin de paroles. › Bertrand Raison

NOTES DE LECTURE

Slow démocratie. Comment maîtriser la mondialisation et reprendre notre destin en main, de David Djaïz, Allary, 320 p., 20,90 €

Voilà une voix de plus en plus singulière à gauche. Progressiste, écologiste et optimiste, David Djaïz entend lutter contre les inégalités sociales et propose un remède tout simple à l'accélération de notre temps : la réhabilitation de l'État-nation, seul véritable échelon démocratique compatible avec une mondialisation heureuse. Cet ancien collaborateur d'Arnaud Montebourg, né en 1990, a toutes les qualités pour prendre la relève du chevènementisme. Normalien, énarque, inspecteur des finances, passé par Princeton, David Djaïz veut refonder l'altermondialisme, qui vivote depuis le Forum social mondial de Porto Alegre en 2001. Des pays progressistes emblématiques comme l'Inde et le Brésil ont par la suite offert leurs suffrages à des nationalistes. David Djaïz craint par ailleurs les tentations impériales technocratiques et les replis identitaires qui en résultent, soit dans de nouvelles tribus barricadées dans les grandes villes, soit dans des enclaves régionalistes. Seule la solidarité de la nation peut amortir l'écart entre une petite minorité de nomades et une immense classe moyenne précarisée et sédentaire. Pour appuyer sa démonstration, l'auteur utilise le triangle d'incompatibilité de Dani Rodrik : selon l'économiste, en situation d'hypermondialisation, une nation doit choisir entre la démocratie et sa connexion aux marchés. C'est le sens de la « *slow* démocratie », en référence à la « *slow food* » pensée en Italie contre l'extension de la restauration rapide. La nouvelle génération est avide de se réapproprier un terroir et de conserver une forme de contrôle sur des institutions globales qui ont échoué à préserver la planète et la démocratie. S'il critique l'Union européenne et le communautarisme, David Djaïz écarte prudemment les moyens de repenser l'assimilation culturelle en France, réduite à un vivre-ensemble civique assez abstrait. La défense de la laïcité et le contrôle de l'immigration sont oubliés. Ces deux points sont pourtant indispensables au consentement de la solidarité nationale. Dommage.
› **Hadrien Desuin**

Entretiens, de Jean Baudrillard, Presses universitaires de France, 432 p., 22 €

Il y a le Baudrillard prosateur, penseur inclassable, iconoclaste, à mi-chemin entre la philosophie et la sociologie, auteur notamment du *Système des objets* (1968), de *Simulacres et simulation* (1981) et de *L'Esprit du terrorisme* (2002). Il y a aussi le Baudrillard orateur, habile rhéteur, capable d'intuitions fulgurantes comme de traits d'humour bien sentis. C'est ce dernier que les Presses universitaires de France ont choisi de mettre en valeur dans un recueil d'entretiens inédits qui recouvre une période de quarante ans (1968-

2008). Le texte imprimé nous fait entendre la voix de Baudrillard. « Cette voix dont le grain, épais et traversé en permanence par des éclairs d'ironie, était celui de la séduction même », écrit Laurent de Sutter, auteur d'une préface qui célèbre l'originalité du penseur. À travers ces entretiens, donnés à des médias francophones très variés (*Les Inrockuptibles*, *Le Magazine littéraire*, *Le Nouvel Observateur*, *L'Idiot international*, *Philosophie Magazine*, etc.), on retrouve les grands thèmes de Baudrillard que sont la séduction, le fatal, la simulation ou encore l'hyperréalité. Il les discute avec une bonhomie et une ouverture d'esprit qui l'éloignent des tentations dogmatiques de certains intellectuels de son temps. Aucune arrogance théorique chez Baudrillard, seulement la volonté de s'interroger de manière dynamique sur les problèmes contemporains. C'est pourquoi il s'empare volontiers de sujets jugés la plupart du temps vulgaires par les sciences humaines (la télévision, la pornographie) et leur donne une portée conceptuelle nouvelle. Baudrillard ne souhaite pas ressasser les grands débats philosophiques du passé. Il préfère saisir avec son acuité toute particulière les événements qui marquent son époque. On retiendra tout particulièrement ses analyses sur le terrorisme – « l'ombre portée d'un système de domination » – et les attentats du 11 Septembre, où « l'image est au cœur de l'événement », marquant ainsi le triomphe de l'hyperréalité. › Matthieu Giroux

Raison et Sentiments, de Jane Austen, traduit par Sophie Chiari, Le Livre de poche, coll. « Classiques », 576 p., 7,20 €

Les grandes romancières sont reconnaissables à un style et à un décor qui n'appartiennent qu'à elles : « Le lendemain, les demoiselles Dashwood entrèrent dans le salon du Parc par une porte tandis que Mrs Palmer accourait par l'autre, l'air aussi gai et joyeux que la veille » ne peut appartenir qu'à Jane Austen, en l'occurrence à son roman *Raison et Sentiments* (1811), aujourd'hui présenté dans une élégante traduction. Dans sa préface, Sophie Chiari le situe dans le contexte d'une « profonde crise de la sensibilité » qui agite le paysage intellectuel et romanesque de la fin du XVIIIe siècle anglais, où, dans le sillage du roman gothique, et avec la percée du romantisme – mais aussi avec les horreurs de la révolution française –, on s'inquiète des excès de la sensibilité, représentés ici par Marianne (dont le prénom rappelle la France révolutionnaire), alors que la raison, *sense*, s'incarnerait dans le personnage de sa sœur Elinor.
Mais ce serait là réduire le propos austenien, qui met en tension « ces deux pôles apparemment opposés ». Toute la subtilité du roman tient en effet dans la complexification progressive des personnages de la part d'une romancière héritière de la philosophie de John Locke, qui « fait d'abord du sujet un être sensible ». Le cœur austenien, dans ses intermittences, a ses raisons que la raison ne connaît point : le roman est aussi une étude sur

la sensation. On relira avec délice le chapitre IX, cette promenade des deux sœurs Marianne et Margaret sur les collines, l'œil rivé sur le ciel et les nuages, alors qu'elles prennent « en plein visage de violentes rafales d'un vent de sud-ouest ». Marianne fait une chute, un chasseur arrive sur la scène à sa rescousse. Scène romantique par excellence ? Austen en prendra savamment le contre-pied. Entre raison et sentiments, c'est de ce paysage à la Constable que Marianne aura tiré de « délicieuses sensations ». › **Jean-Pierre Naugrette**

Sur la violence gratuite en France. Adolescents hyperviolents, témoignages et analyse, de Maurice Berger, L'Artilleur, 180 p., 15 €

Livre après livre, le pédopsychiatre Maurice Berger, ancien chef de service au CHU de Saint-Étienne, intervenant depuis 2014 en centre éducatif renforcé – centres accueillant des mineurs délinquants –, alerte sur la violence chez les enfants et adolescents. En un an, entre 2016 et 2017, les violences gratuites, commises sans autre motif que la violence elle-même, ont augmenté de 3,4 % et le nombre de mineurs mis en détention provisoire de 10 %. L'auteur constate que les actes commis sont de plus en plus violents et le fait de mineurs de plus en plus jeunes.

Médecin, Maurice Berger essaie « d'aider des mineurs violents à ne pas répéter indéfiniment leurs comportements ». Humaniste, il n'oublie jamais les victimes de ces violences qui, bien qu'elles subissent un traumatisme et des dommages durables, restent un terme abstrait pour nombre de ceux qui s'expriment sur ces questions. Sa longue expérience l'oblige à contester l'explication idéologique et dogmatique. Non, dit-il, la violence n'est due ni à la précarité, ni à la « ghettoïsation », ni à la violence sociale. Il l'affirme : elle se joue dans la famille et avant l'âge de 3 ans. Cette violence, qui se manifeste par un acte sommaire – frapper est le résultat de processus complexes entremêlant plusieurs causes que Maurice Berger analyse, témoignages cliniques et études à l'appui. Parmi ces dernières, l'exposition répétée du petit enfant à des scènes de violence conjugale, la négligence ou la maltraitance subies avant l'âge de 2 ans, un fonctionnement familial clanique, répété en général au niveau du quartier. Un environnement chaotique et imprévisible, ou violent, déclenche des secrétions hormonales qui peuvent endommager à jamais le cerveau du tout-petit. Le lecteur partage sa perplexité : comment se fait-il que ces données, connues depuis la fin des années quatre-vingt, soient encore ignorées par les législateurs ? Maurice Berger dénonce ainsi la loi de 2007 sur la protection de l'enfance, un texte qui « a tout faux ».

Le jeune très violent frappe au lieu de penser. « Détruire est le jeu de ceux qui n'ont aucune imagination », écrit l'auteur. Le travail des soignants et des éducateurs – auxquels il rend hommage – consiste d'abord à empêcher la violence pour créer les conditions propres à réamorcer une forme de pensée. Mais, là encore, « ce sont des positions idéologiques qui empêchent depuis longtemps de prendre en compte le besoin de contenance de ces adolescents ». Parmi les mesures urgentes que préconise Maurice Berger, des lois qui jouent véritablement leur rôle de butée et des décisions judiciaires qui aident le jeune à voir, au sens littéral du mot, et à penser la gravité de ses actes. Et le pédopsychiatre de poser la question : quand cessera-t-on, en France, de croire qu'éduquer et punir s'opposent ? › Laurence Teper

L'Imitation de Bartleby, de Julien Battesti, Gallimard, 128 p., 12 €

L'Imitation de Bartleby tient du procès, du procédé ou du processus (trois synonymes à l'origine). À commencer par sa tonalité kafkaïenne : la posture du narrateur qui, au sortir de ses nuits, se réveille « chaque fois un peu plus insecte aux yeux de *[son]* entourage », ressemble à celle de Gregor Samsa, le protagoniste de *La Métamorphose*. Reclus à son domicile à cause de trois hernies discales, un étudiant en théologie se livre à l'exégèse d'une fameuse nouvelle de Herman Melville, *Bartleby le scribe*, dont la formule, *I would prefer not to* (« J'aimerais mieux pas »), est devenue un puissant *topos* littéraire, voire une tarte à la crème, depuis que l'ont décortiquée des mandarins de haut vol tels que Gilles Deleuze et Giorgio Agamben. La dernière traductrice de ce conte crypté, hiéroglyphique, vers le français, est aussi une énigme. Théoricienne féministe, Michèle Causse était férue de néologismes et partisane de la « logomachie » : dans *Contre le sexage,* son œuvre maîtresse, elle a forgé les mots *dividue*, « femme divisée », et *anandryne*, « femme sans homme ». Mais l'élément le plus curieux de sa biographie est son choix de *dénaître*, comme elle le déclara elle-même, à l'occasion de son 74e anniversaire, en recourant à Dignitas, une association d'assistance au suicide, à Zurich, le 29 juillet 2010.

Le théologien en herbe voit dans le texte de Melville « la transposition d'un épisode de la Bible qui n'a jamais existé : le retour d'Israël en Égypte, autant dire la mort spirituelle de l'humanité ». Il lui permet d'interpréter le message que Michèle Causse a peut-être voulu transmettre par sa « dénaissance », et *vice versa* : la clé de *Bartelby*, c'est l'acte extrême de la traductrice qui nous la fournit. « Effacer sa naissance, annuler sa vie pour se rendormir dans le ventre du néant, telle avait été la dernière volonté de Causse. »

Ce récit déconcertant et dense comme un palimpseste prend alors la forme d'une satire sociale, dont la ville de Zurich, où « dénaquit » Michèle Causse, fait les frais. Sa concision grinçante et pince-sans-rire rappelle les brèves fictions du Suisse Friedrich Dürrenmatt, auquel a dû songer Julien Battesti s'il ne l'a pas pris comme modèle. Dévoyé par sa quête jalonnée de repères polysémiques, le narrateur finit par se rendre en pèlerinage sur la tombe de James Joyce, près de laquelle une ultime coïncidence le conduit à se demander pourquoi Ulysse refusa l'immortalité que lui proposait

Calypso. « Je n'ai jamais jugé utile de dire à mes professeurs que j'envisageais la théologie comme un genre littéraire, affirme-t-il, car de la littérature, encore aujourd'hui, je n'attends pas moins que la résurrection et la vie éternelle. »
› Lucien d'Azay

Une île sans pareille. Souvenirs de Port-Cros. 1929-1930, de Vivienne de Watteville, traduit par Constance Lacroix, Éditions Claire Paulhan, 320 p., 28 €

Aventurière helvético-britannique, Vivienne de Watteville est l'auteure de trois livres poignants et chatoyants. Seul son périple au Kenya (*Speak to the Earth*) avait été traduit en français. Claire Paulhan a pris l'heureuse initiative de faire connaître au public francophone le récit que cette femme libre et avisée consacra à Port-Cros à la fin de sa vie, *Seeds that the Wind May Bring* (*Une île sans pareille*), qui parut à titre posthume en 1965. Née avec le siècle, Vivienne y loua et réaménagea une maison de 1929 à 1930, à Port-Man, sur la côte est de l'île. C'est la beauté de ce lieu sauvage qu'elle décrit avec le talent d'une romancière, ainsi que ses rapports avec quelques amis de passage et de curieux insulaires que sa présence dérange.
Orpheline de mère à l'âge de 9 ans, Vivienne accompagna son père taxidermiste en Norvège, dans les Alpes et en Afrique de l'Est, pour le compte du Muséum de Berne, jusqu'au jour où il fut blessé à mort devant elle par un lion. Ce traumatisme ne l'empêcha pas d'entreprendre un safari photo au Kenya avant de s'installer dans les Stoëchades. Le rêve d'un « petit gîte niché sur une île paradisiaque » est l'aboutissement d'une quête stoïque et nostalgique (elle lit Épictète et Marc Aurèle). Mais la microsociété qu'elle découvre à Port-Cros n'évoque guère l'utopie proto-communiste et chrétienne dont rêvait Étienne Cabet en Icarie. Rustres ou petits-bourgeois mesquins, les résidents jalousent cette joyeuse étrangère et profitent d'elle. Les liens ambigus qu'elle tisse avec les propriétaires de l'île et le personnel qu'ils lui fournissent ne facilitent pas son installation. Elle a beau se ruiner en emplettes, se procurer un perroquet et une mule, qu'elle baptise Modestine en l'honneur de Robert Louis Stevenson (l'un de ses maîtres, dont elle rencontre le sosie phtisique), elle se rend compte que l'île a une « influence lugubre » ; son refuge est un piège, une impasse : « Je demeurais otage d'une traque solitaire. Prédatrice aveugle et proie tour à tour, je tournais comme un fauve et me débattais dans mon arpent de jungle, qui ne cessait de se restreindre, cherchant vainement quelque brèche. » Un homme viendra à son secours et lui offrira le mariage comme échappatoire.
Les portraits délicats et désuets mais pleins de charme qui animent ce livre enchanteur restituent la tonalité de l'époque : on songe aux *Jeunes filles* de Montherlant et aux muses que Jacques-Henri Lartigue photographiait au même moment sur la Côte d'Azur (quarante ans plus tard, Vivienne aurait été Haydée dans *La Collectionneuse* d'Éric Rohmer). Fluide et élégante, la traduc-

tion de Constance Lacroix est parfois gâtée par des expressions toutes faites qui ne figuraient peut-être pas dans l'original. Saluons enfin l'admirable édition de Claire Paulhan, à la couverture turquoise et aux lettrines rouges, illustrée de photographies sépia et d'une somptueuse carte en bichromie de Port-Cros. Un tirage limité qui enchantera les bibliophiles. › **Lucien d'Azay**

Mauthausen, de Iákovos Kambanéllis, traduit par Solange Festal-Livanis, Albin Michel, 370 p., 22,90 €

En 1949, la Grèce est sous occupation allemande. Iákovos Kambanéllis cherche à fuir au Moyen-Orient mais il échoue. Il décide alors de se rendre en Suisse par l'Autriche. Il est arrêté à Innsbruck. Après plusieurs mois de détention à Vienne, il est enfermé dans le camp de concentration de Mauthausen. Il se retrouve vite protégé par un ancien détenu politique allemand. Il lui doit probablement sa survie. Après la libération de Mauthausen par l'armée américaine, en mai 1945, il demeure au camp jusqu'à fin juillet avec ses compatriotes juifs qui souhaitent aller en Palestine. Iákovos Kambanéllis (1922-2011) est considéré en Grèce comme un dramaturge de première importance. La traduction française de son récit concentrationnaire paraît plus de cinquante ans après la première publication en Grèce. L'auteur mêle la période de captivité et la période de libération. Le cauchemar absolu et l'espoir lumineux. Le ton est tragi-comique. Un jeune homme naïf, ni juif ni résistant, est plongé dans l'enfer concentrationnaire. À la libération du camp, il a 23 ans. Il tombe amoureux d'une Lituanienne de 19 ans. Ils partent séparément du camp et décident de se rejoindre en Italie.

Faut-il avoir confiance en l'avenir ? Le dramaturge analyse la manière dont il a été façonné par l'expérience concentrationnaire. Iákovos Kambanéllis raconte comment la vie se fraye un chemin au milieu de la mort. L'amour, le soleil, l'amitié existent même en enfer. Iákovos Kambanéllis a travaillé un moment dans les commandos mobiles. Un détenu, José Ballina, lui donne alors un conseil : « Il faut avoir une croûte de folie autour du cerveau. » Il ne faut surtout pas chercher à comprendre pour pouvoir survivre. Les détenus vivent « aux limites extrêmes de la terreur » jour après jour. Le témoignage de Iákovos Kambanéllis, par sa foi en la littérature pour reconstituer la réalité, est audacieux et dérangeant. Il n'est pas devenu un héros, mais il est resté un homme. Son matricule : 37734. › **Marie-Laure Delorme**

Denis Roche. Éloge de la véhémence, de Jean-Marie Gleize, Seuil, 304 p., 24 €

Denis Roche, écrivain et photographe, éditeur et traducteur, poète et post-poète, mais surtout « créateur de formes », est mort le 2 septembre 2015. Selon Jean-Marie Gleize, qui l'a bien connu, ce qui faisait la cohérence de sa personnalité,

c'était sa véhémence, d'où le sous-titre de l'essai qu'il lui consacre aujourd'hui : « Éloge de la véhémence ». Véhémence ou violence de l'écriture qui tue ses scribes un à un mais leur assure, en contrepartie, une espèce de survie purement subjective. J'écris que j'écris que j'écris… : « cinéma mental inépuisable », au dire de Denis Roche. Mais encore cet aveu : « J'écris pour être seul, je photographie pour disparaître. » C'est cette disparition qui va rendre possible – non seulement possible mais nécessaire – l'assomption du lecteur-voyeur (ou plus exactement voyant). Peut-être même celui-ci est-il la forme définitive visée par l'écrivain, la preuve ultime de son avant-gardisme radical, en même temps que sa mise à l'épreuve ?
Alors que reste-t-il aujourd'hui de l'œuvre de Denis Roche, sachant que lui-même jugeait parfaitement « grotesque » de prétendre laisser quelque chose de ce genre à la postérité ? Jean-Marie Gleize salue d'ailleurs cette remise en cause de la notion d'« œuvre » dans son cas : « Denis Roche n'a cessé de penser à des livres, qu'il écrit ou qu'il n'écrit pas, qu'il commence et n'achève pas, ou dont il accomplit le projet jusqu'au bout. Certains des livres auxquels il pense n'ont qu'un titre, et il se peut que le titre soit à lui seul un livre, certains autres sont très précisément imaginés, mais ne demandent pas à être réalisés parce qu'en réalité leur propos est ce qui soutient, informe, justifie, l'ensemble des livres déjà écrits ou qui ne manqueront pas de l'être. » Si bien qu'il propose de considérer l'ensemble des ouvrages publiés par Denis Roche dans la célèbre collection « Fiction & Cie » qu'il a créée aux Éditions du Seuil en 1974 et dirigée durant trente années, jusqu'en 2004, comme partie intégrante du grand œuvre rochien, dispositif esthétiquement improbable, flux expérientiel toujours vivace. › Didier Dantal

Une machine comme moi, de Ian McEwan, traduit par France Camus-Pichon, Gallimard, 400 p., 22 €

En Angleterre au début des années quatre-vingt, dans une histoire parralèle, le chercheur Alan Turing reçoit chez lui, Margaret Thatcher a perdu la guerre des Malouines, le simple citoyen peut acheter un androïde à l'intelligence artificielle ultra-perfectionnée, les Beatles jouent toujours ensemble. Charlie Friend a 32 ans et habite le sud de Londres avec Miranda. Ancien fiscaliste passionné de technologie, il fait l'acquisition du robot Adam. Le couple s'associe pour créer sa personnalité. L'androïde ressemble à s'y méprendre à un humain et tombe amoureux de Miranda. Un ménage à trois prend forme entre Charlie, Miranda et Adam. L'androïde confie à Charlie que Miranda lui a menti. La jeune femme, fille d'une vieil écrivain malade, dissimule une partie de sa vie.
On prend Charlie pour un robot ; on prend Adam pour un humain. Tout au long de l'histoire, l'androïde demeure la voix de la raison. Dans *Une machine comme moi*, trois intrigues s'entremêlent. Les humeurs troubles du robot Adam, la résurgence du passé adolescent de Miranda, un enfant délaissé découvert

par Charlie. Le petit Mark va introduire des fractures au sein du trio. L'enfant balloté est une figure récurrente dans les romans de Ian McEwan. L'humain artificiel commence à avoir des sentiments et à en provoquer. Il est programmé pour durer une vingtaine d'années mais le couple peut à tout moment le désactiver. Faut-il le faire ? Adam devient agressif. Alors que l'Angleterre est au bord de l'implosion, le trio se referme sur son histoire privée.

Charlie vit comme un automate, Adam tend vers la liberté. On pense à *Auprès de moi toujours*, de Kazuo Ishiguro. Le roman de Ian McEwan est à la fois une œuvre de science-fiction, une réflexion sur la justice et une comédie dramatique. L'auteur d'*Expiation* est un écrivain cérébral. Chacune des trois histoires porte une question. L'enfant abandonné : qu'est-ce qu'une famille ? L'androïde amoureux : qu'est-ce qu'une conscience ? Le secret de Miranda : qu'est-ce qui est juste ? Ian McEwan a écrit un roman sombre sur le cœur de la machine humaine. Adam est un robot gagné par la tristesse. L'humain artificiel rationnel et bienveillant, jeté dans le monde, n'arrive pas à faire face aux ambiguïtés de la vie. › **Marie-Laure Delorme**

Le Roman noir de l'histoire, de Didier Daeninckx, Verdier, 832 p., 28 €

Une somme, 76 nouvelles écrites en quarante ans de métier qui embrassent quasiment deux siècles de 1855 à 2030, empruntant çà et là aux événements déjà abordés dans les précédents livres de l'auteur. Dans cet ouvrage, on passe des marins qui transportent en douce les romans du grand Hugo censurés par le régime de Napoléon III aux éboueurs de l'Espace qui débarrassent le ciel des satellites hors d'usage. Ça commence donc par un hommage aux anonymes de la République des lettres pour finir sur des balayeurs de galaxie qu'on envoie au casse-pipe. Ces deux exemples donnent une image de la méthode Daeninckx en apportant de surcroît un éclairage sur le titre de l'ouvrage. Ici, comme l'écrivain aime à le répéter, il ne faut pas s'attendre à parcourir les coulisses fumeuses d'une contre-histoire, ni à goûter aux recettes exaltantes d'un nouveau roman national. Il s'agit davantage de suivre ceux qui, de la Commune aux deux guerres mondiales en passant par l'indépendance algérienne, ont su résister au conformisme ambiant. Des rebelles, en quelque sorte, dont le romancier raconte l'épopée, et qui, grâce à lui, sortent de l'oubli. On retiendra cet invraisemblable cowboy géorgien au parcours chaotique qui l'amène aux États-Unis puis aux portes de la révolution russe de 1917 juste après un détour par les horreurs du Chemin des Dames. Loin des héros célébrés dans les manuels, le narrateur de ces récits se tient à la périphérie des faits historiques, à bonne distance pour mieux en percevoir le centre. Viscéralement attaché à Aubervilliers, où il a pratiquement vécu toute sa vie, Daeninckx considère en quelque sorte la banlieue comme un prisme où le monde entier palpite. La répression sanglante à Paris des manifestants algériens le 17 octobre 1961 ne se résume pas à un titre dans la presse ; une voisine, amie de sa mère, Suzanne Martorell, y a perdu la vie. Dans cette traversée des siècles, l'histoire ne ressemble guère à une avalanche de dates à retenir ni à un idéal de carton-pâte, elle traverse littéralement les personnages, qui s'engouffrent dans cette fresque avec toute la passion de leur engagement. › Bertrand Raison

Quel avenir pour la cavalerie ? Une histoire naturelle du vers français, de Jacques Réda, Buchet-Chastel, 224 p., 20 €

La poésie s'est tellement éloignée de la vie littéraire et du champ éditorial qu'un essai à l'instar de celui de Jacques Réda consacré à l'histoire du vers français mérite une attention particulière. Où en sommes-nous avec le vers qui pendant près de mille ans a marqué notre relation à la poésie, à son mouvement, à ses cadences ? Le titre métaphorique de cet essai n'est pas sans soulever des questions qui accentuent notre inquiétude. S'il comporte une allusion autobiographique – Jacques Réda ayant passé son enfance dans une ville de garnison –, il exprime surtout une incertitude appuyée par l'auteur lui-même quant à l'avenir de notre langue. Ces interrogations ne sont pas nouvelles : c'est dire si les questions poétiques touchent au plus profond de l'essence d'une nation.

Le voyage proposé par Jacques Réda à travers dix siècles de poésie ne manque ni de panache ni de brio. Il s'agit d'une évolution inévitable de type « mécanique » ou « biologique » que suivrait l'art de la versification en langue française, d'où l'épithète « naturel » dans le sous-titre qui confère un destin inéluctable à la prosodie, ce qui ne saurait rassurer. Pour autant ce voyage en terre de poésie française réjouit par les exemples choisis avec soin qui dessinent certaines des affinités de l'auteur. Pour le XXe siècle, il appuie son propos sur des poèmes de Jacques Audiberti, Jean-Paul de Dadelsen (l'auteur de *Jonas*) et pour finir de deux auteurs qui lui sont proches : Armand Robin d'une part, Armen Lubin d'autre part. Livre étonnant, précis dans l'analyse du vers, *Quel avenir pour la cavalerie ?*, à défaut d'apporter une réponse positive ou même une réponse tout court à cette question, comblera les amateurs de poésie et d'histoire littéraire : en connaisseur intime de la poésie française et en poète lui-même, Jacques Réda aborde un des sujets les plus essentiels de la littérature.
› Charles Ficat

Marcel Proust. Croquis d'une épopée, de Jean-Yves Tadié, Gallimard, 384 p., 22 €

Que Jean-Yves Tadié maîtrise son Proust comme personne, l'affaire est entendue depuis longtemps. Combien de travaux n'a-t-il pas consacrés à son auteur fétiche ? Malgré les décennies, cette passion ne s'émousse pas, en témoigne à nouveau ce recueil d'interventions proustiennes récentes. Le sous-titre n'est pas sans surprendre, surtout lorsque l'on sait que l'auteur s'est inspiré du sous-titre d'un volume de G. Lenotre consacré à Napoléon ! Dans ses jeunes années, Jean-Yves Tadié s'est nourri de Jules Verne et de Walter Scott, autant d'univers éloignés de celui de la *Recherche*, mais qui finalement l'ont mené à cette cathédrale fascinante dont l'aura ne cesse de s'accroître avec le temps.

Chaque texte dévoile, par-delà une élégance de style et une familiarité exceptionnelle avec l'œuvre, des angles de vue insoupçonnés qui, loin de lasser, renouvellent l'intérêt : « à l'horizon peut-être, une constellation », pour reprendre un vocable mallarméen cher à l'auteur. Sur des sujets attendus comme Versailles, la mer ou Debussy, c'est le cas. On lira avec d'autant plus de curiosité une évocation de Louis Brun, qui fut le bras droit de Bernard Grasset, à l'occasion de la vente chez Sotheby's en 2017 d'un exemplaire sur japon de *Du côté de chez Swann*. Ou cette confrontation entre Proust et Romain Rolland – l'auteur de *Jean-Christophe*, qui a retrouvé une certaine vigueur dans le lectorat après des décennies de purgatoire.

Proust a révolutionné l'art du roman au XXe siècle, Jean-Yves Tadié le rappelle avec force. En cela l'élaboration de son œuvre constitue une épopée. Sa postérité aussi : son statut s'est transformé au fil du temps – ce temps qui réside au centre de tout. « Ami, on l'est peut-être plus quand on ne connaît que l'œuvre que lorsqu'on ne connaît que l'homme », écrit le critique à propos de cette œuvre explorée dans ses moindres recoins, dont la visite en sa compagnie devient encore plus estimable. › Charles Ficat

La Controverse. Dialogue sur l'islam, de Rémi Brague et Soulaymane Bachir Diagne, Stock, 200 p., 18 €

La plupart du temps, les dialogues autour des religions, et surtout au sujet de l'islam, sont biaisés. Les enjeux semblent si importants, les susceptibilités si vives, qu'il est préférable, le plus souvent, d'en rester à des amabilités trop iréniques pour être vraies. Quand la paix à tout prix est un préalable, l'honnêteté et la droiture intellectuelle sont alors sacrifiées sur l'autel des faux-semblants. Là, dans ce dialogue, il n'en est rien. Pour une fois, on évite les circonlocutions. Enfin la probité intellectuelle est de mise ! Rémi Brague et Soulaymane Bachir Diagne pratiquent ici (selon le titre) une « controverse » – au sens d'un authentique *disputatio*. Les deux sont fins connaisseurs de l'islam, de son histoire et de sa théologie. Le premier est philosophe des religions, professeur à la Sorbonne, et spécialiste reconnu de l'islam. Le second est lui aussi philosophe, professeur à l'université Columbia de New York, spécialiste de philosophie islamique.

Entre eux, il ne s'agit pas d'en rester à la surface, avec des assauts de courbettes rhétoriques, mais de s'expliquer pour désosser, arguments contre arguments, les sujets qui fâchent. Quels sont-ils ? Le

Coran fut-il rédigé de main d'homme ou est-il tombé du ciel ? Si Dieu lui-même en est l'auteur (selon la conviction, démentie par les historiens, du plus grand nombre des musulmans), comment « interpréter » les textes – et donc relativiser telle sourate ou la mettre en lien avec une autre ? La tâche est impossible. Impossible aussi de faire prévaloir les versets dits de tolérance (ceux de La Mecque) sur ceux dit de combat (rédigés à Médine) – d'autant plus que ces derniers sont postérieurs aux premiers. Dès lors, une autre règle joue : la « théorie de l'abrogation » qui donne une autorité supplémentaire, abrogative, à ce qui fut dit en dernier par le Prophète. Sur ces sujets, Diagne relativise la raideur de ces règles, les atténue par le contexte historique. Tout en revient toujours à cette poursuite, ou non, sous d'autres formes, de cette tradition rationaliste de l'islam, celle des mutazilites – qui met l'accent sur la raison et le libre-arbitre. De toute évidence, une « pétrification » s'opère au XIIe siècle. Bragues pense que cette tradition s'est perdue dans les sables de l'islam au profit d'une lecture littérale dominante tandis que Diagne, plus optimiste, en voit des résurgences depuis lors et même aujourd'hui.

On aimerait être d'accord avec Diagne et opter pour un islam déjà ouvert sur l'interprétation des textes et déjà compatible avec la modernité. Mais, avec la montée des fondamentalismes et des terrorismes islamistes, on en vient à donner raison à Brague quant à la fermeture de l'islam sur ses lectures rigoristes, sexistes, rétrogrades, toutes liées à cette incapacité à désengluer le texte de l'autorité exclusive de Dieu. › **Damien Le Guay**

Le Réveil des sorcières, de Stéphanie Janicot, Albin Michel, 336 p., 19,90 €

Dans ce livre très personnel, peut-être Stéphanie Janicot interroge-t-elle moins les croyances et les pratiques en sorcellerie que les liens que nous entretenons avec ceux que nous avons aimés, bien ou mal, avant qu'ils disparaissent. « Ces proches que nous perdons, tout au long de notre vie, hantent pour toujours notre mémoire. Chacun trouve sa propre défense pour les tenir à distance. Nous devons nous préserver de la suffocation. Par l'écriture, nous avons la ressource de les glisser dans nos pages afin d'apprivoiser la douleur et le souvenir », dit-elle. De fait, lorsqu'elle apprend la mort accidentelle de son amie Diane, guérisseuse et médium en terre bretonne, la narratrice, double de l'auteure, est précisément en train d'écrire un roman sur la magie noire ; et, hasard ou prémonition, ce roman s'ouvre sur un accident de voiture fatal, en tout point semblable à celui qui vient de tuer son amie sur la route. Ainsi *Le Réveil des sorcières* s'apparente-t-il d'emblée à une enquête criminelle et spirituelle. Mais pas que… Aidée de Soann, la fille cadette de Diane, une adolescente sombre qui semble avoir hérité des dons de sa mère, la romancière décide d'enquêter en forêt de Brocéliande, tout à la fois hantée par la culpabilité d'une mort qu'elle craint d'avoir provoquée par pratique romanesque interposée et désireuse d'honorer une amitié brutalement interrompue. Mais au-delà des voisins qu'elle interroge, ce sont les mystères des liens maternels et de la transmission et, plus généralement, de l'inspiration, que fouille Stéphanie Janicot. Que léguons-nous à nos enfants, et cela malgré nous? Quelles motivations animent ceux qui écrivent lorsqu'ils couchent sur le papier des événements de leur vie personnelle? On l'aura compris, si les sorcières de la romancière sont invisibles, elles sont surtout intérieures et hantent l'espace mental, tels les spectres. › Isabelle Lortholary

Histoire de familles, de Justine Lévy et The Anonymous Project, Flammarion, 192 p., 21 €
Andrew est plus beau que toi, d'Arnaud Cathrine et The Anonymous Project, Flammarion, 180 p., 21 €

C'est en découvrant la collection de diapositives rassemblée par Lee Shulman et son équipe pour The Anonymous Project que l'éditrice de littérature française Alix Penent a eu cette idée, à la fois simple et géniale: utiliser ce fond photographique de familles américaines anonymes de la seconde moitié du XXe siècle comme matériel de fiction littéraire. « J'ai d'emblée été frappée par la qualité et l'universalité des images. Nous avons tous des histoires différentes, mais toutes se ressemblent autour des naissances, des mariages, des fêtes anniversaires ou des repas du dimanche. » À partir de ces moments de vie en Kodachrome, il fallait trouver les auteurs qui acceptent de s'aventurer dans cette expérience romanesque. Après avoir visionné des centaines de clichés, Justine Lévy et Arnaud Cathrine s'y sont risqués, chacun de manière très différente, mais avec quel talent! Dans *Histoire de familles,* l'auteure imagine les paroles ou les pensées (souvent inavouables) qui traversent les personnages au moment où ils posent et qui démentent le jeu des apparences trop lisses. Dans la lignée des légendes de son propre compte Instagram, les textes de Justine Lévy sont courts, incisifs, mordants ou, au contraire, d'une profonde nostalgie. Une suite de fragments qui débusquent les désillusions, les désirs, les rêves ou les pensées mesquines, derrière les sourires Émail diamant. À l'inverse, *Andrew est plus beau que toi,* le texte d'Arnaud Cathrine, s'apparente au roman, les photos s'intègrent au flux d'un récit continu. Le miracle, c'est que Cathrine réussit à créer l'illusion d'un album familial, de la naissance de deux frères jusqu'à la mort du cadet, alors qu'aucune photo n'appartient à la même série! Ainsi fait-il le récit poignant d'un amour fraternel dans le Los Angeles des années quarante. Portés par une maquette magnifique et comme dans une conversation entre les mots et les images, ces deux livres révèlent encore mieux les talents de leurs auteurs.
› Isabelle Lortholary

Germaine Berton. Une anarchiste passe à l'action, de Frédéric Lavignette, L'Échappée, 288 p., 24 €

Germaine Berton, jeune ouvrière au caractère impatient, commit à 21 ans le dernier acte violent du mouvement anarchiste en France. Le 22 janvier 1923, elle abattit de cinq balles de revolver dans les locaux de *L'Action française* le chef des Camelots du roi, Marius Plateau. Une cible de second choix car elle avait projeté de supprimer Léon Daudet, le célèbre polémiste du quotidien. Tenue à l'écart par ses camarades anarchistes à cause de son impulsivité, cette forte tête eut les honneurs de la presse. Une femme de 21 ans aux assises non pas pour un crime passionnel, mais « pour un crime politique, un crime d'idées, voilà du nouveau, n'est-ce pas ? », batelait *Le Petit Parisien*. Et, affaire dans l'affaire, on lui prêta après le meurtre une liaison avec le fils de Léon Daudet, Philippe, mort dans des circonstances non élucidées. Le journaliste Frédéric Lavignette raconte la vie de Germaine Berton en appliquant une méthode déjà utilisée dans ses deux précédents ouvrages. À travers les articles de journaux, il restitue la fièvre d'une époque sous la forme d'une immense revue de presse truffée d'éclairages contextuels et de 500 illustrations en noir et blanc (portraits d'audiences, photos, avis publicitaires, dessins, extraits de journaux).

L'avocat de Germaine Berton, Henry Torrès, un ténor du barreau parisien, obtint son acquittement. Dans son numéro inaugural de décembre 1924, *La Révolution surréaliste* lui rendit hommage, en plaçant sa photographie au centre d'une pleine page, entourée des vignettes photo des 28 membres du groupe surréaliste. « Rien d'autre à faire qu'à me prosterner simplement devant cette femme admirable », écrivait Aragon, impressionné par « l'absolue liberté » de Germaine Berton. Icône féministe, elle travailla à *La Gazette du franc* de la banquière Marthe Hanau juste avant que n'éclate le scandale de la faillite de sa banque. De tempérament suicidaire, elle succomba en 1942 à l'absorption d'une dosse massive de Véronal.

Imprimées sur un beau papier épais donnant l'impression de tenir un journal et maquettées avec une grande réussite, les pages du livre très original de Frédéric Lavignette se tournent comme un feuilleton politico-historique haletant, d'un bout à l'autre. › **Olivier Cariguel**

REVUE
DES DEUX
MONDES
97, rue de Lille | 75007 Paris
Tél. 01 47 53 61 50 | Fax 01 47 53 61 99
N°ISSN : 0750-9278
www.revuedesdeuxmondes.com
revuedesdeuxmondes@gmail.com
Twitter @Revuedes2Mondes

Communication | partenariats | publicité
Responsable du développement et des partenariats
Marie Pagezy | mpagezy@revuedesdeuxmondes.fr

Contact presse
Aurélie Julia | ajulia@revuedesdeuxmondes.fr

Société éditrice
La *Revue des Deux Mondes* est éditée par la Société de la Revue des Deux Mondes SNC au capital de 2 545 074 euros.

Principal actionnaire
Groupe Fimalac

Directeur de la publication
Thierry Moulonguet

Imprimé par Aubin imprimeur
Commission paritaire : n° 0320D81194
 La *Revue des Deux Mondes* bénéficie du label « Imprim'Vert », attestant une fabrication selon des normes respectueuses de l'environnement.

Abonnements (9 numéros par an format papier + numérique)
France | 1 an › 89 euros | 2 ans › 165 euros |
Abonnement étudiant | 1 an › 65 euros
Étranger | 1 an › 129 euros

Service des abonnements
En ligne : www.revuedesdeuxmondes.fr/abonnement.
Par courrier :
Revue des Deux Mondes | 56, rue du Rocher | 75008 Paris | Tél. : 01 44 70 14 71 | revuedesdeuxmondes@abonnescient.fr

Ventes au numéro
Disponible chez les principaux libraires (diffusion Humensis, renseignements : Andrés Morales | 01 54 42 84 82 | andres.morales@humensis.com, distribution Union Distribution) et marchands de journaux (renseignements : vente au numéro | Gilles Marti | 01 40 54 12 19 | gilles.marti@valmonde.fr).
Ce numéro comprend un bulletin d'abonnement broché entre les pages 184 et 185.
Couverture © Lærke Posselt/Agence VU